FRANSIZCA KONUŞMA KILAVUZU

KAHRAMAN OFSET LTD.ŞTİ.
Tesislerinde basılıp ciltlenmiştir.
Mas-sit - İSTANBUL
Tel:(0212) 629 00 01
2002

FONO
MEKTUPLA ÖĞRETİM KURUMU

kendi kendine pratik fransızca konuşma kılavuzu

Hazırlayan:

ROBERT LEVY

Denetleyenler:

Yaşar Avunç Akgün Çirmen

ÖNSÖZ

Bu kitabın amacı Fransızca öğrenmekte olan veya bu dili öğrenmeğe henüz başlamış bulunan kimselere, yurt dışına gittiklerinde ya da Türkiye'de bir yabancıyla konuşmaları gerektiğinde çeşitli konularda isteklerini anlatabilme ve söylenilenleri bir dereceye kadar anlama yeteneği kazandırmaktır.

Bunun dışında, Fransızca öğrenmekte olan kişilerin de kitaptaki cümleleri tekrarlayarak bildiklerini gözden geçirmek, bilmediklerini öğrenmek suretlyle yararlanmaları da mümkündür. Bu onlara konuşma pratiği kazandıracak, konuşma dilindeki kalıpları öğretecektir.

Kitapta konular çeşitli yer ve durumlara göre düzenlenmiştir. Aranılan konunun hangi sayfada olduğu "İÇİNDEKİLER" bölümünde kolayca görülebilir.

Cümlelerin önce Türkçe'si verilmiş, onun altında Fransızca karşılığı yer almıştır. Fransızca cümlenin okunuşu hemen altında ve köşeli parantez içinde bulumaktadır.

Bölümlerin arkasında o konuda konuşmalarda geçebilecek sözcükler verilmiştir. Bunlar o bölümdeki cümlelerde diğer sözcüklerin yerinde kullanılarak isteğe göre pek çok cümle yapılabilir. Örneğin "Bugün hava sıcak." cümle kalıbında "sıcak" yerine "ılık, soğuk, güneşli, yağmurlu" sözcükleri getirilerek birçok cümle elde edilebilir. Okunuşlarda görülen siyah **n** genizden söylenir.

Kılavuzunuzun size hem gerekli anlarda yardımcı, hem de öğretici olmasını dileriz.

FONO

İÇİNDEKİLER

ŞEHİRDE

İŞ

ALIŞVERİŞ

SAĞLIK VE BAKIM

SPOR VE EĞLENCE

Genel Konular

ÇOK ÖNEMLİ BİRKAÇ SÖZ

Evet.
Oui.
[ui]

Hayır.
Non.
[non]

Teşekkür ederim.
Merci.
[mersi]

Affedersiniz.
Excusez-moi.
[eksküze mua]

Bir şey değil.
Il n'y a pas de quoi.
[ilniya pa dö kua]

Özür dilerim.
Je suis désolé (e).
[jö süi dezole]

Lütfen.
S'il vous plaît.
[sil vu ple]

Pekâlâ.
Très bien.
[tre byen]

Bay ....
Monsieur ....
[mösyö] (Kısa yazılışı: M ....)

Bayan
Madame... (evli kadının soyadı önünde kullanılır.)
[madam] (Kısa yazılışı: Mme .....)

Bayan ....
Mademoiselle... (evlenmemiş kızın soyadı önünde kullanılır.)
[madömuazel] veya [madmuazel] (Kısa yazılışı Mlle)

Allahaısmarladık.
Au revoir.
[orvuar]

Güle güle.
Au revoir.
[orvuar]

Bu nedir?
Qu'est-ce que c'est que ça?
[kesköseköşa]

.... nerededir?
Où se trouve ......?
[u sö truv]

Lütfen buraya geliniz.
Approchez-vous, s'il vous plaît.
[aproşevu silvuple]

Lütfen oturunuz.
Prenez la peine de
vous asseoir.
[pröne la pen dö vu zasuar]

Acaba doğru mu?
Est-ce correct?
[es korekt]

Hayır, doğru değil. Yanlış.
Non, ce n'est pas juste. C'est faux.
[non sö ne pa jüst se fo]

Evet, doğru.
Oui, c'est juste.
[ui se jüst]

DİL BİLME, SÖYLENENİ ANLAMA

Fransızca (Türkçe) konuşur musunuz? (bilir misiniz)?
Parlez-vous français (turc)?
[parle vu franse (türk]

Evet, konuşurum. (Bilirim).
Oui, je le parle.
[ui jö lö parl]

Fransızcayı biraz konuşurum.
Je parle un peu français.
[jö parl ön pö franse]

Hayır, Fransızca konuşmam. (bilmem)
Non, je ne parle pas français.
[non jö nö parl pa franse]

Fransızcayı anlayabilirim fakat konuşamam.
Je comprends le français mais je ne puis le parler.
[jö konpran lö franse, me jön püi lö parle]

Anlıyor musunuz?
Comprenez-vous?
[konpröne vu]

Beni anlıyor musunuz?
Me comprenez-vous?
[mö konpröne vu]

Sizi anlamıyorum.
Je ne vous comprends pas.
[jö nö vu konpran pa]

Her şeyi anlıyorum.
Je comprends tout.
[jö konpran tu]

Lütfen yavaş konuşunuz.
Veuillez parler lentement.
[vöye parle lantman]

Lütfen tekrarlayınız.
Veuillez répéter, je vous prie.
[vöye repete jö vu pri]

Yavaş konuşursanız, anlayabilirim.
Si vous vous exprimez lentement, je suis à même de comprendre.
[si vuvu zeksprime lantman jö süi zamem dö konprandr]

Anlamadım.
Je n'ai pas compris.
[jö ne pa konpri]

Bu ne demektir? (anlamı nedir?)
Qu'est-ce que ça veut dire?
[keskösavödir]

Bu sözcüğün anlamı nedir?
Que signifie ce vocable?
[kö sinyfi sö vokabl]

Bu sözcüğü nasıl telaffuz edersiniz?
Comment prononcez-vous ce mot?
[koman prononse vu sö mo]

Lütfen onu yazınız.
Veuillez l'écrire, s'il vous plaît.
[vöye lekrir silvuple]

Lütfen hatalarımı düzeltiniz.
Veuillez corriger mes fautes.
[vöye korije me fot]

Hiçbir şey anlamadım.
Je n'ai rien compris.
[jö ne ryen konpri]

Fransızca öğrenmek istiyorum.
Je désire apprendre le français.
[jö dezir aprandr lö franse]

Fransızcamı ilerletmek istiyorum.
Je désire me perfectionner en français.
[jö dezir mö perfeksiyone an franse]

Sözcükleri unutuyorum.
Je n'arrive pas à retenir les mots.
[jö nariv pa za rötnir le mo]

Sizi anlıyorum.
Comme je vous comprends!
[kom jö vu konpran]

Fransızcayı yeni öğreniyorum.
Je viens de commencer à étudier le français.
[jö vyen dö komanse a etüdye lö franse]

Bir yıldır Fransızca öğreniyorum.
Ça fait une année que j'étudie le français.
[sa fe tünane kö jetüdi lö franse]

Fransızcanız iyidir.
Votre français est bon.
[votr franse e bon]

Okuduğumu anlayabilirim.
Je comprends ce que je lis.
[jö konpran sö kö jö li]

Okulda biraz Fransızca öğrendim.
J'ai appris un peu de français à l'école.
[je apri zön pö dö franse za lekol]

Pratiğe ihtiyacım var.
J'ai besoin de pratique.
[je bözuen dö pratik]

Fransızcam hakkında fikriniz nedir?
Que pensez-vous de mon français?
[köpanse vu dö mon franse]

Bana ne tavsiye edersiniz?
Que me conseillez-vous de faire?
[kö mö konseye vu dö fer]

.... sözcüğünün Fransızcası nedir?
Comment dit-on .... en français?
[koman diton .... an franse]

KENDİNİZ HAKKINDA

Adım Ahmet'tir.
Je m'appelle Ahmet.
[jö mapel ahmet]

Türküm.
Je suis Turc (Turque).
[jö süi Türk]

Ankara'lıyım.
Je suis originaire d'Ankara.
[jö süi zorijiner dankara]

.... yaşındayım.
J'ai .... ans.
[je .... an]

Ben öğrenci (doktor, öğretmen, işçi)yim.
Je suis étudiant (docteur, professeur, ouvrier)
[jö süi zetüdyan, (doktör, profesör, uvriye)]

İstanbul'da oturuyorum.
J'habite Istanbul.
[jabit istanbul]

Bu otelde kalıyorum.
Je suis descendu dans cet hôtel.
[jö süi desandü dan se totel]

Tatillerimi burada geçiririm.
C'est ici que je passe mes vacances.
[se tisi kö jö pas me vakans]

Ailem başka bir şehirde oturur.
Ma famille habite une autre ville.
[ma famiy abit ün otr vil]

Babam işçidir.
Mon père est ouvrier.
[mon per e tuvriye]

Adınız nedir?
Comment vous appelez-vous?
[koman vu zaple vu]

Fransız mısınız?
Etes-vous Français?
[et vu franse]

Hangi millettensiniz?
De quelle nationalité êtes-vous?
[dökel nasyonalite et vu]

Kaç yaşındasınız?
Quel âge avez-vous?
[kel aj ave vu]

Mesleğiniz nedir?
Quelle est votre profession?
[kel e votr profesyon]

İşiniz nedir?
Quel travail faites-vous? Quelles sont vos occupations?
[kel travay fet vu] [kel so**n** vo zoküpasyo**n**]

Evliyim ve iki çocuğum var.
Je suis marié et père de deux enfants.
[jö süi marye e per dö dö za**n**fa**n**]

Bir kızım ve iki oğlum var.
J'ai une fille et deux garçons.
[je ün fiy e dö garso**n**]

Evli değilim. Annem ve babamla oturuyorum.
Je ne suis point marié. J'habite chez mes parents.
[jö nö süi pue**n** marye jabit şe me para**n**]

Karım öğretmen (hemşire, sekreter ev kadını)dır.
Ma femme est professeur (infirmière, secrétaire, femme d'intérieur.)
[ma fam e profesör (e**n**firmyer, sökreter, fam de**n**teryör)]

Müslümanım.
Je suis Musulman.
[jö süi müzülma**n**]

İki kız kardeşim ve iki erkek kardeşim var.
J'ai deux sœurs et deux frères.
[je dö sör e dö frer]

Boyum 1 metre 70 santimdir.
Je mesure un mètre 70.
[jö mözür ö**n** metr suasant dis]

Kahverengi gözlerim ve siyah saçım var.
J'ai les yeux marron et les cheveux noirs.
[je lezyö maro**n** e le şövö nuar]

Zevk aldığım şeyler: spor, sinema, müzik ve seyahattir.
Les choses que j'aime sont: le sport, le cinéma, la musique et les voyages.
[le şoz kö jem so**n** lö spor, lö sinema, la müzik e le vuayaj]

Fransa'da bir mektuplaşma arkadaşım var.
J'ai un correspondant en France.
[je ö**n** korespondan a**n** fra**n**s]

Turistlere yardım etmeyi severim.
Je prends plaisir à secourir les touristes.
[jö pra**n** plezir a sökurir le turist]

Seyahat etmeyi çok severim.
J'aime beaucoup voyager.
[jem boku vuayaje]

SELAMLAŞMA

Günaydın!
Bonjour!
[bonjur]

Merhaba!
Salut!
[salü]

İyi akşamlar!
Bonsoir!
[bonsuar]

İyi geceler!
Bonne nuit!
[bon nüi]

Nasılsınız?
Comment allez-vous?
[komantalevu]

Teşekkür ederim. Ya siz nasılsınız?
Merci, je vais bien. Et vous, comment allez-vous?
[mersi jö ve byen e vu komantalevu]

Karınız, çocuklarınız nasıllar?
Comment vont votre femme et vos enfants?
[koman von votr fam e vozanfan]

Teşekkür ederim, onlar da iyidirler.
Merci, eux aussi se portent bien.
[mersi, özosi sö port byen]

TANIŞMA, TANIŞTIRMA

Sizi Bay (Bayan) .... ile tanıştırabilir miyim?
Puis-je vous présenter M. (Mme) (Mlle) ......?
[püij vu prezante mösyö (madam) (Madmuazel) ....?

Müsaadenizle kendimi size takdim edeyim.
Permettez-moi de me présenter.
[permete mua dö mö prezante]

Kiminle müşerref oluyorum.
A qui ai-je l'honneur?
[a ki ej lonör]

Memnun oldum.
Enchanté (e).
[anşante]

Adınız, lütfen?
Comment vous appelez-vous, je vous prie?
[koman vuzaple vu jö vu pri]

Sizi gördüğüme sevindim.
Ça m'a fait plaisir de vous voir.
[sa ma fe plezir dö vu vuar]

Adım .... dır.
Je m'appelle .....
[jö mapel ....]

RİCA, İSTEK

Lütfen bana ...... verir misiniz?
Pouvez-vous me donner le (la, les ....) s'il vous plaît?
[puve vu mö done le (la, le) ...... silvuple]

Bana bir iyilikte bulunabilir misInIz?
Pouvez-vous me rendre un service?
[puve vu mö randre ön servis]

Müsaade eder misiniz? (otobüste vs.)
Puis-je passer?
[püij pase]

Ne arzu edersiniz?
Que désirez-vous?
[kö dezire vu]

.... nerededir acaba?
S'il vous plaît, où se trouve ....?
[silvuple u sö truv .....]

Nasıl isterseniz.
Comme il vous plaira. -Comme vous voudrez.
[kom il vu plera. - kom vu vudre]

Çok teşekkür ederim.
Merci beaucoup. Je vous remercie infiniment.
[mersi boku, jö vu römersi enfiniman]

Estağfurullah.
Il n'y a pas de quoi.
[il ni ya pa dö kuva]

Lütfen.
S'il vous plaît.
[sil vu ple]

Lütfen bana yolu gösteriniz.
Montrez-moi le chemin, je vous prie.
[montre mua lö şömen jö vu pri]

Lütfen kapıyı kapar mısınız.
Veuillez fermer la porte, s'il vous plaît.
[vöye ferme la port sil vu ple]

Ne istiyorsunuz?
Que désirez-vous?
[kö dezire vu]

Bir adet ekmek (biraz su, bir çift ayakkabı, bir şişe şarap, bir gömlek ......) istiyorum.
Je désire un pain (de l'eau, une paire de souliers, une bouteille de vin, une chemise ......).
[jö dezir ön pen (dö lo, ün per dö sulye, ün butey dö ven, ün şömiz ......)]

Bir kutu şeker istiyorum.
Je désire une boîte de sucre. (de bonbons)
[jö dezir ün buat dö sükr] [dö bonbon]

.... istermisiniz?
Voulez-vous ....?
[vule vu]

Hiç birşey istemiyorum.
Je n'ai besoin de rien.
[jö ne bözuen dö ryen]

Fransızca öğrenmek istiyorum.
Je désirerais étudier le français.
[jö dezirre zetüdye lö franse]

Bu gömlekleri satın almak istiyorum.
Je désirerais faire l'achat de ces chemises.
[jö dezirre fer laşa dö se şömiz]

Nasıl istersiniz.
Comme il vous plaira.
[kom il vu plera]

Sizi kırmak istememiştim.
Je ne voulais pas vous froisser.
[Jö nö vule pa vu fruase]

Özür dilerim. (Affedersiniz.)
Je vous demande pardon. Je vous prie de m'excuser.
[jö vu demand pardon] [jö vu pri dö meksküze]

Üzgünüm, fakat size yardım edemeyeceğim.
Je suis désolé (e), mais je ne pourrai pas vous aider.
[jö süi dezole me jö nö pure pa vu zede]

VEDALAŞMA

Hoşça kalın. Allahaısmarladık.
Au revoir. Adieu.
[orvuar] [adyö]

Yakında görüşürüz!
A bientôt!
[a byento]

Yarın görüşürüz!
A demain!
[a dömen]

Sonra görüşürüz!
A plus tard! A tout à l'heure!
[a plü tar] [a tutalör]

İyi şanslar!
Bonne chance!
[bon şans]

Ne yazık ki gitmek zorundayım.
Malheureusement, je dois m'en aller.
[malörözman jö dua man ale]

Ne zaman görüşeceğiz?
Quand nous reverrons-nous?
[kan nu röveron nu]

Yarın (öbür gün, Cumartesi günü, gelecek hafta...) yine görüşebilir miyiz?
Pouvons-nous nous revoir demain (après-demain, samedi, la semaine prochaine...)?
[puvon nu nu rövuar dömen (apredömen, samdi, la smenproşen...)]

İyi yolculuklar!
Bon voyage!
[bon vuayaj]

Hanımınıza (erkek kardeşinize,...) benden selam söyleyin.
Salutations de ma part à votre femme (à votre frère,...)
[salütasyon dö ma par a votr fam (a votr frer...)]

Davetiniz için çok teşekkürler.
Merci beaucoup de votre invitation.
[mersi boku dö votr envitasyon]

BİLGİ EDİNME, YER SORMA

Müze (istasyon, park,...) nerededir?
Où se trouve le musée (la gare, le parc, ...)?
[u sö truv lö müze, la gar, lö park...)]

Giriş biletleri nereden alınabilir?
Où peut-on acheter les tickets d'entrée?
[u pöton aşte le tike dantre]

Şehrimizi nasıl buluyorsunuz?
Comment trouvez-vous notre ville?
[koman truve vu notr vil]

Bu istasyonun adı ne?
Comment s'appelle cettę gare?
[koman sapel set gar]

Nereden geliyorsunuz?
D'où venez-vous?
[du vöne vu]

Ne istiyorsunuz?
Que désirez-vous?
[kö dezire vu]

Nereye gidiyorsunuz?
Qù allez-vous?
[u ale vu]

Fransızca bilir misiniz?
Parlez-vous français?
[parle vu franse]

Burada Türkçe konuşan biri var mı?
Y a-t-il ici quelqu'un qui parle turc?
[yatil isi kelkön ki parl türk]

Beni anlıyor musunuz?
Me comprenez-vous?
[mö konpröne vu]

Tuvalet (gişe, lokanta, ...) neredeidir?
Où se trouvent les lavabos (le guichet, le restaurant,.....)?
[u sö truv le lavabo (lö gişe, lö restoran]

Nerede ekmek (bira, su, ...) bulabilirim?
Où puis-je dégotter (trouver) du pain (de la bière, de l'eau)?
[u püij degote (truve) dü pen, dö la byer, dö lo)]

Bu işaret nedir?
Que signifie ce panneau?
[kö sinyfi sö pano]

Size yardım edebilir miyim?
Puis-je vous être de quelque secours?
[püij vu zetr dö kelkö sökur]

Lütfen bana .... nerede olduğunu söyler misiniz?
Pouvez-vous m'indiquer où se trouve ....?
[puve vu mendike u sö truv...]

Oraya nasıl gidebiliriz?
Comment pourrions-nous nous y rendre?
[koman puryon nu nu zi randr]

Bu ne içindir?
A quoi sert ceci?
[a kuva ser sösi]

Ne oldu?
Que s'est-il passé?
[kö setil pase]

Danışma bürosu nerededir?
Où se trouve le bureau de renseignements?
[u sö truv lö büro dö ranseynman]

Bu taraftan mı gideceğiz?
C'est de ce côté?
[se dö sö kote]

İstasyon ne kadar uzaklıktadır?
A quelle distance se trouve la gare?
[akel distans sö truv la gar]

Bu bina nedir?
Qu'est-ce que cet édifice?
[keskö se tedifis]

Otobüs durağı nerededir?
Où se trouve la station d'autobus?
[u sö truv la stasyon dotobüs]

Nerede bekleyebilirim?
Où puis-je attendre?
[u püij atandr]

Nerede bir taksi bulabilirim?
Où puis-je dénicher un taxi?
[u püij denişe rön taksi]

En yakın banka nerededir?
Où se trouve la banque la plus proche?
[u sö truv la bank la plü proş]

Otomobilimi nerede park edebilirim?
Où puis-je mettre ma voiture en stationnement?
[u püij metr ma vuatür an stasyonman]

Dükkânlar ne zaman açar (kapar)?
A quelle heure ouvrent (ferment) les boutiques?
[akel ör uvr (ferm) le butik]

Şehir turu için bilgi istiyorum.
Je désire m'informer pour faire le tour de la ville.
[jö dezir menforme pur fer lö tur dö la vil]

Şehir turu için bir bilet kaç paradır?
Combien coûte la place pour un tour de ville?
[konbyen kut la plas pur ön tur dö vil]

Hiç birşey anlamıyorum.
Je n'y comprends rien.
[jö ni konpran ryen]

Lütfen biraz daha yavaş konuşunuz!
Je vous prie de vous exprimer plus lentement!
[jö vu pri dö vu zeksprime plü lantman]

Bu, Fransızcada nasıl söylenir?
Comment dit-on cela en français?
[koman diton söla an franse]

Bu ne demek?
Qu'est-ce que ça veut dire?
[keskösavödir]

Bu sözcüğün okunuşu nasıldır?
Comment se lit ce mot?
[koman sö li sö mo]

Lütfen yanlış yaparsam düzeltiniz.
Je vous prie de me corriger si je commets des erreurs.
[jö vu pri dö mö korije si jö kome de zerör]

İŞARETLER

SAĞA (SOLA) DÖNÜLÜR
TOURNEZ A DROITE (A GAUCHE)
[turneza druat (a goş)]

KAVŞAK
CROISEMENT
[kruvazman]

TEK YÖNLÜ YOL
SENS UNİQUE
[sans ünik]

SAĞA DÖNÜLMEZ
DÉFENSE DE TOURNER A DROITE
[defans dö turne ra druat]

PARK YAPILMAZ
STATIONNEMENT INTERDIT
[stasyonman enterdi]

GİRİLMEZ
DÉFENSE D'ENTRER
[defans dantre]

YAVAŞ SÜRÜNÜZ
ROULEZ LENTEMENT
[rule lantman]

ŞEHİR MERKEZİ
CENTRE DE LA VILLE
[santr dö la vil]

GELİŞ (VARIŞ)
ARRIVÉES
[arive]

HAREKET (KALKIŞ)
DÉPARTS
[depar]

BAGAJ
BAGAGES
[bagaj]

GİRİŞ
ENTRÉE
[antre]

TUVALETLER
LAVABOS
[lavabo]

DANIŞMA
RENSEIGNEMENTS
[ranseynman]

LOKANTA
RESTAURANT
[restoran]

ÇIKIŞ
SORTIE
[sorti]

HANIMLAR (HANIMLAR İÇİN)
DAMES
[dam]

BAYLAR (BAYLAR İÇİN)
MESSIEURS
[mesyö]

MEŞGUL (DOLU)
OCCUPÉ
[oküpe]

BOŞ (SERBEST)
LIBRE
[libr]

KAPALI
FERMÉ
[ferme]

AÇIK
OUVERT
[uver]

ZAMAN SORMA, ZAMAN BİLDİRME

Saat kaç?
Quelle heure est-il?
[kel ör etil]

Saat üçtür.
Il est trois heures.
[il etruva zör]

Saat hemen hemen ikidir.
Il est à peu près deux heures.
[il eta pö pre dö zör]

Saat tam altı.
C'est six heures juste.
[se sizör jüst]

Saat dördü beş geçiyor.
Il est quatre heures cinq.
[il e katr ör senk]

Saat yediye çeyrek var.
Il est sept heures moins le quart.
[il e set ör muen lö kar]

Saat dokuza on var.
Il est neuf heures moins dix.
[il e növ ör muen dis]

Saat yarım.
Il est midi et demi.
[il e midi e dömi]

Saat on biri çeyrek geçiyor.
Il est onze heures un quart.
[il e onz ör ön kar]

Saat on ikiyi yirmi geçiyor.
Il est midi vingt.
[il e midi ven]

Benim saatime göre, tam yedi buçuk.
D'après ma montre, il est juste sept heures et demi.
[dapre ma montr il e jüst set ör e dömi]

Temsil saat kaçta başlıyor?
A quelle heure commence le spectacle?
[a kel ör komans lö spektakl]

Saat onda bütün dükkânlar kapanır.
Tous les magasins ferment à dix heures.
[tu le magazen ferm ta di zör]

Dörtten beşe kadar evde yokum.
Je ne suis pas chez moi de quatre à cinq.
[jön süi pa şe mua dö katr a senk]

Yarım saate kadar (yarım saat içinde) döneceğim.
Je reviendrai dans une demi-heure.
[jö rövyendre dan zün dömi ör]

Henüz çok erken.
Il est encore trop tôt.
[il e tankor tro to]

Benim saatim ileri (geri).
Ma montre avance (retarde).
[ma montr avans (rötard)]

Dün öğleden sonra neredeydiniz?
Où étiez-vous hier après-midi?
[u etye vu ziyer apre midi]

Bu akşam sinemaya gideceğiz.
Nous irons au cinéma ce soir.
[nu ziron zo sinemá sö suvar]

Bu sabah hava çok kötü idi.
Ce matin il faisait très mauvais.
[sö maten il föze tre move]

Yarın öğleden sonra sizi çaya davet ediyorum.
Je vous invite à prendre le thé demain après-midi.
[jö vu zenvit a prandr löte dömen apremidi]

Pazartesi çalışmağa başlıyorum.
Je commence à travailler lundi.
[jö komans a travaye löndi]

Geçen pazar hastaydım.
Dimanche passé, j'étais malade.
[dimanş pase jete malad]

Gelecek Çarşamba karım Fransa'ya gidiyor.
Mercredi prochain, ma femme part pour la France.
[merkrödi proşen ma fam par pur la frans]

Temmuz ayında Fransa'ya gidiyorum.
Je me rends en France en juillet.
[jö mö ran zan frans an jüiye]

ZAMANLA İLGİLİ SÖZCÜK VE DEYİMLER

a) MEVSİMLER:

ilkbahar	printemps [pre**n**ta**n**]
yaz	été [ete]
sonbahar	automne [oton]
kış	hiver [iver]

b) AYLAR:

ocak	janvier [ja**n**viye]
şubat	février [fevriye]
mart	mars [mars]
nisan	avril [avril]
mayıs	mai [me]
haziran	juin [jüe**n**]
temmuz	juillet [jüiye]
ağustos	août [u] veya [ut]
eylül	septembre [septa**n**br]
ekim	octobre [oktobr]
kasım	novembre [nova**n**br]
aralık	décembre [desa**n**br]

c) HAFTANIN GÜNLERİ:

pazar	dimanche [dima**n**ş]

pazartesi	lundi [löndi]
salı	mardi [mardi]
çarşamba	mercredi [merkrödi]
perşembe	jeudi [jödi]
cuma	vendredi [vandrödi]
cumartesi	samedi [samdi]

d) DİĞER ZAMAN KAVRAMLARI:

akşam	soir [suar]
an, lahza	instant [enstan]
doğum günü	anniversaire de naissance [aniverser dö nesans]
günün tarihi	date [dat]
yarıyıl	semestre [sömestr]
yıl	année [ane]
yüzyıl	siècle [syekl]
yıldönümü	anniversaire [aniverser]
mevsim	saison [sezon]
on yıl	décade [dekad]
dakika	minute [minüt]
öğle	midi [midi]
an	moment [moman]
öğleden sonra	après-midi [apremidi]
gece	nuit [nüi]
yeni yıl	nouvel an [nuvelan]
saniye	seconde [sögond]
saat	heure [ör]
gün	jour [jur]
geçmiş zaman	passé [pase]
çeyrek saat	quart d'heure [kar dör]

hafta	semaine [sömen]
hafta başı	début de semaine [debü dö sömen]
hafta sonu	fin de semaine [fe**n** dö sömen] week-end [üikend]
zaman	temps [ta**n**]
çağ, devir	époque [epok]; âge [aj]; période [periyod]
süre	durée [düre]; période [periyod]
gelecek zaman	avenir [avnir]

e) ZAMAN BİLDİREN DİĞER DEYİMLER:

ara sıra	de temps à autre [dö ta**n** za otr]
akşamleyin	le soir [lö suar]
bu akşam	ce soir [sö suar]
dün akşam	hier soir [iyer suar]
yarın akşam	demain soir [döme**n** suar]
pazar akşamı	dimanche soir [dima**n**ş suar]
akşam üstü	le soir [lö suar]
akşam geç vakit	tard dans la soirée [tar da**n** la suare]
ertesi gün	le lendemain [lö la**n**dme**n**]
sabahleyin	le matin [lö mate**n**]
sabah erkenden	le matin de bonne heure [lö mate**n** dö bon ör]

6 Nisan'da	le 6 avril [lö sis avril]
öğleden önce	avant-midi [ava**n** midi]
Haziran başında	début juin [debü jüe**n**]
yakında, birazdan	bientôt [bye**n**to]
az önce	tout à l'heure [tutalör]
o zamana kadar	jusque-là [jüskla]
bugüne kadar	jusqu'aujourd'hui [jüsko-jurdüi]
şimdiye kadar	jusqu'à présent [juska-preza**n**]
yarına kadar	jusqu'à demain [juska-döme**n**]
vaktiyle, eskiden	autrefois [otröfua]
daha sonra, bundan sonra	dorénavant [dorenava**n**]
bütün gün	toute la journée [tut la jurne]
bütün gece	toute la nuit [tut la nüi]
günün birinde	un jour [ö**n** jur]
vaktiyle	jadis [jadis]
günde bir defa	une fois par jour [ün fua par jur]
Temmuz sonunda	fin juillet [fe**n** jüiye]
gelecek ayın sonunda	à la fin du mois prochain [a la fe**n** dü mua pro-şe**n**]
erken	tôt [to]
pek erken	très tôt [tre to]
erkenden	de bonne heure [dö bon ör]
akşama doğru	vers le soir [ver lö suar]
öğleye doğru	vers midi [ver midi]
gece yarısına doğru	vers minuit [ver minüi]

sekize doğru	vers huit heures [ver üitör]
dün	hier [iyer]
dün akşam	hier soir [iyer suar]
dün sabah	hier matin [iyer maten]
dün gece	la nuit dernière [la nüi derniyer]
hemen, derhal	tout de suite [tudsüit]
sık sık	souvent [souvan]
bugün	aujourd'hui [ojurdüi]
bu akşam	ce soir [sö suar]
bu sabah	ce matin [sö maten]
bugün öğleden sonra	cet après-midi [se tapre midi]
... yılında	en ... [an]
gelecek ay	le mois prochain [lö mua proşen]
önceden	d'avance [davans]
her zaman, daima	toujours [tujur]
hâlâ	encore [ankor]
geceleyin	la nuit [la nüi]
üç gün sonra	dans trois jours [dan trua jur]
bir hafta sonra	dans une semaine [dan zün sömen]
bu arada	pendant ce temps [pan-dan sö tan]
yıllık	annuel, elle [anüel]
her gece	toutes les nuits [tut le nüi]
her hafta	toutes les semaines [tut le sömen]
her gün	tous les jours [tu le jur]
iki günde bir	une fois tous les deux

(gün aşırı)	jours [ün fua tu le dö jur]
her zaman	tout le temps [tul tan]
şimdi	maintenant [mentnan]
ileride, gelecekte	plus tard [plü tar]
kısa bir süre için	pour peu de temps [pur pö dö tan]
biraz önce	peu de temps auparavant [pö dö tan zoparavan]
uzun zaman	longtemps [lontan]
bazan	parfois [parfua]
çok defa	plusieurs fois [plüzyör fua]
öğleleri	les midis [le midi] le midi [lö midi]
öğleyin	à midi [a midi]
Eylül ortasında	mi-septembre [mi septanbr]
bu sırada	en ce moment [an sö moman]
aylık	mensuel, elle [mansüel]
yarın	demain [dömen]
yarın akşam	demain soir [dömen suar]
yarın sabah	demain matin [dömen maten]
pazar sabahı	dimanche matin [dimanş maten]
sabahları	le matin [lö maten]
dört gün sonra	dans quatre jours [dan katr jur]
iki hafta sonra	dans quinze jours [dan kenz jur]

daha sonra	plus tard [plü tar]
gelecek hafta	la semaine prochaine [la sömen proşen]
geceleyin	la nuit [la nüi]
geçen gün	l'autre jour [lotr jur]
hiç bir zaman	jamais [jame]
henüz, daha	encore [ankor]
sık sık	fréquemment [frekaman]
birden bire	tout à coup [tutaku]
çoktan beri	il y a longtemps [iliya lontan]
o zamanden beri	depuis lors [döpüi lor]
seyrek	rarement [rarman]
birazdan	sous peu [supö]
az önce	peu de temps auparavant [pö dö tan zoparavan]
hemen, derhal	immédiatement [imedyat-man]
hemen, derhal	sur-le-champ [sürlöşan]
pazarları	le dimanche [lö dimanş]
geç	tard [tar]
çok geç	trop tard [tro tar]
sonra, daha sonra	plus tard [plü tar]; en-suite [ansüit]
daima	tout le temps [tultan]
saatlerce	des heures entières [de zör zantyer]
gece gündüz	jour et nuit [jur e nüi]
günlerce	des jours durant [de jur düran]
günlük	journalier, ère [jurnalye, jurnalyer]; quotidien,

	enne [kotidye**n**, kotid-yen]
üç gündür	trois jours durant [trua jur düra**n**]
öbür gün	le surlendemain [lö sürla**n**-dme**n**]
saat...da	à... heures [a... ör]
gece yarısı	minuit [minüi]
sabahtan akşama kadar	du matin au soir [dü ma-te**n** o suar]
saat üçten dörde kadar	de trois à quatre [dö trua za katr]
bundan böyle	dorénavant [dorenava**n**]
günden güne	au jour le jour [o jur lö jur]
önceden	par avance [par ava**n**s]; d'avance [dava**n**s]
zaman zaman	de temps en temps [dö ta**n** za**n** ta**n**]
bir saat önce	il y a une heure [iliya ün ör]
bir hafta önce	il y a une semaine [iliya ün sömen]
bir ay önce	il y a un mois [iliya ö**n** mua]
bir yıl önce	il y a un an [iliya ö**n** a**n**]
bir kaç gün önce	quelques jours auparavant [kelk jur zoparava**n**]
iki hafta önce	il y a quinze jours [iliya ke**n**z jur]
geçenlerde	ces jours-ci [se jur si]
önceki gün	avant-hier [ava**n**tiyer]

daha önce	auparavant [oparavan]
geçen hafta	la semaine passée [la sömen pase]
geçen cumartesi	samedi passé [samdi pase]
geçen yıl	l'année passée [lane pase]
şimdilik	pour le moment [pur lö moman]
haftalık	hebdomadaire [ebdomader]
her zaman için	pour toujours [pur tujur]
önce	d'abord [dabor]
son olarak, en son	finalement [finalman]
en önce, önce	tout d'abord [tu dabor]
arada bir	de temps à autre [dö tan za otr]

GENEL KONUŞMALAR

Haberim yok.
Je n'en sais rien.
[jö nan se ryen]

Bilmiyorum.
Je ne sais pas.
[jön se pa]

Sanmıyorum.
Je ne crois pas.
[jön krua pa]

Pek emin değilim.
Je n'en suis pas très sûr (e).
[jö nan süi pa tre sür]

Bunu demek istemiyorum.
Je ne veux point dire cela.
[jö nö vö puen dir söla]

Bakalım.
Voyons. Voyons voir.
[vuayon vuayon vuar]

Benim için farketmez.
Ça m'est complètement égal.
[sa me konpletman tegal]

Bakalım, göreceğiz.
On verra bien.
[on vera byen]

Sadece sormak istemiştim.
J'ai voulu simplement demander.
[je vulü senplman dömande]

Yanılmış olacağımı sanmıyorum.
Je ne crois pas m'être trompé(e).
[jön krua pa metr tronpe]

Belki başka bir şeyle karıştırıyorsunuzdur.
Peut-être confondez-vous cela avec autre chose.
[pötetr konfondevu söla avek otr şoz]

Olur böyle şeyler.
Ce sont des choses qui arrivent.
[sö son de şoz ki ariv]

Yanılmış olacağımı sanmıyorum.
Je ne pense pas faire erreur.
[jön pans pa fer erör]

Olabilir.
Ça se peut.
[sas pö]

Saçma!
Des blagues!
[de blag]

Hiç bir anlamı yok.
Ça n'a pas de sens.
[sa na pa dö san]

Tamam işte.
Et voilà.
[e vuala]

Gayet tabii.
Bien entendu.
[byen antandü]

Pek tabii!
Naturellement!
[natürelman]

Çok basit.
C'est très simple.
[se tre senpl]

Şartlara bağlı.
Ça dépend.
[sa depan]

Bunun hakkında ne düşünüyorsunuz?
Qu'en pensez-vous?
[kan panse vu]

Bunu bilmeniz gerekir.
Vous devez le savoir.
[vu döve lö savuar]

Hepsi bu kadar.
Un point, c'est tout.
[ön puen se tu]

Sahi mi?
Vraiment?
[vreman]

İnanılacak gibi değil.
C'est à n'y pas croire.
[se ta ni pa kruar]

Fena değil.
Pas mal.
[pa mal]

Sizinle tamamen hemfikirim.
Je suis tout à fait de votre avis.
[jö süi tutafe dö votr avi]

Haklısınız.
Vous avez raison.
[vu zave rezon]

Asla.
Jamais de la vie.
[jame dö la vi]

Hiç bir surette.
En aucune façon.
[an nokün fason]

Bilmukabele.
Pareillement.
[pareyman]

SORU SÖZCÜKLERİ

ne zaman?	quand? [kan]
nerede?	où? [u]
ne?	quoi? [kua]
niçin?	pourquoi? [purkua]
kim?	qui? [ki]
nasıl?	comment? [koman]
kaç (adet)?	combien? [konbyen]
kaç para?	combien coûte? [konbyen kut]

Ne zaman geldiniz?
Quand êtes-vous arrivés?
[kan et vu zarive]

Otomobiliniz nerededir?
Où se trouve votre véhicule? (votre voiture)
[u sö truv votr veiköl] [votr vuatür]

Soyadınız nedir?
Quel est votre nom de famille?
[kel e votr non dö famiy]

Niçin bu otelde kaldılar?
Pourquoi sont-ils descendus dans cet hôtel?
[purkua son til desandü dan se totel]

Bu adam kimdir?
Qui est cet individu?
[ki e se tendividü]

Arkadaşınız nasıl?
Comment se porte votre camarade?
[koman sö port votr kamarad]

Kaç kız kardeşiniz var?
Combien avez-vous de sœurs?
[konbyen ave vu dö sör]

Gömleğiniz için kaç para verdiniz?
Combien avez-vous déboursé pour votre chemise?
[konbyen ave vu deburse pur votr şömiz]

Yolculuk

TRENLE YOLCULUK

İstasyona gitmek istiyorum.
Je désire me rendre à la gare.
[jö dezir mö randr a la gar]

Peron giriş biletleri nerede satılır?
Où vent-on les tickets de quai?
[u van ton le tike dö ke]

Lyon'a ne zaman tren var?
A quelle heure y a-t-il un train pour Lyon?
[a kel ör yatil ön tren pur liyon]

Dijon'a bundan sonraki tren ne zaman hareket ediyor?
A quelle heure part le prochain train pour Dijon?
[a kel ör par lö proşen tren pur dijon]

Lille'e gidecek tren hangi perondan kalkıyor?
De quel quai part le train de Lille?
[dö kel ke par lö tren dö lil]

Nevers'den gelecek tren hangi perona girecek?
A quel quai arrivera le train de Nevers?
[a kel ke arivra lö tren dö növer]

Marsilya'dan gelecek trenin gecikmesi var mıdır?
Le train de Marseille a-t-il du retard?
[lö tren dö marsey atil dü rötar]

Burada ne kadar bekliyeceğiz?
Combien de temps allons-nous attendre ici?
[konbyen dö tan alon nuzatandr isi]

Ne żaman kalkıyoruz?
Quand partons-nous?
[kan parton nu]

Daha ne kadar gideceğiz?
Combien de temps encore allons-nous voyager?
[konbyen dö tan zankor alon nu vuayaje]

Buradan Nice'e ne kadar zamanda gidilir?
En combien de temps va-t-on d'ici à Nice?
[an konbyen dö tan vaton disi a Nis]

Strasbourg'a bir tane ikinci mevki yalnız gidiş?
Un billet simple de seconde pour Strasbourg, s'il vous plaît.
[ön biye senpl dö sögond pur strasbur silvuple]

Lütfen Paris'e bir tane birinci mevki gidiş-dönüş bileti verir misiniz?
Un billet de première allé-retour pour Paris, s'il vous plaît.
[ön biye dö prömyer ale rötur pur Pari silvuple]

Bu bilet ne kadar zaman geçerlidir?
Ce billet est valable combien de temps?
[sö biye e valabl konbyen dö tan]

Bordeaux'ya ikinci mevki gidiş-dönüş biletinin fiyatı nedir?
Combien coûte un billet aller-retour en seconde pour Bordeaux?
[konbyen kut ön biye ale rötur an sögond pur Bordo]

Birinci mevki vagonlar nerede?
Où se trouvent les wagons de première?
[u sö truv le vagon dö prömyer]

Bu tren Biarritz'e mi gidiyor?
Est-ce que ce train va à Biarritz?
[eskö sö tren va a biyaritz]

Bavulu alın, lütfen.
Veuillez prendre la valise.
[vöye prandr la valiz]

Bilet gişesi nerededir?
Où se trouve le guichet?
[u sö truv lö gişe]

Affedersiniz, bu kompartımanda bir kişilik boş yer var mı?
Pardon, y a-t-il une place assise dans ce compartiment?
[pardon yatil ün plas asiz dan sö konpartiman]

Önümüzdeki istasyonda biraz inmek istiyorum.
Je désire descendre un moment à la prochaine gare.
[jö dezir desandr ön moman a la proşen gar]

Affedersiniz, bu yer boş mudur?
Pardon, cette place est-elle libre?
[pardon set plas etel libr]

Hiç boş yer yok.
Il n'y a plus de places libres.
[il niya plü dö plas libr]

Burada bir tane var. Buyurun, oturun.
Il y en a une ici. Asseyez-vous, je vous prie.
[il yan a ün isi aseye vu jö vu pri]

Affedersiniz, burası benim yerim.
Je vous demande pardon, mais c'est ma place.
[jö vu demand pardon me se ma plas]

Saat dörtte kalkacak trenle hareket etmek istiyorum.
Je désire prendre le train de quatre heures.
[jö dezir prandr lö tren dö katr ör]

Biletler, lütfen.
Les billets, s'il vous plaît.
[le biye silvuple]

Mâcon'a ne zaman varacağız?
Quand arriverons-nous à Mâcon?
[kan arivron nuza makon]

Burası hangi istasyon?
Quel est le nom de cette gare?
[kel e lö non dö set gar]

Affedersiniz, pencereyi açabilir miyim?
Excusez-moi, puis-je ouvrir la fenêtre?
[eksküze mua püij uvrir la fönetr]

Şu pencereyi biraz açalım mı?
Ouvrons un peu cette fenêtre?
[uvron zön pö set fönetr]

Şu pencereyi lütfen kapatır mısınız?
Auriez-vous l'amabilité de fermer cette fenêtre?
[orye vu lamabilite dö ferme set fönetr]

Benim biletimi daha önce kontrol etmiştiniz.
Vous avez déjà contrôlé mon billet.
[vu zave deja kontrole mon biye]

Önümüzdeki istasyonda iniyorum.
Je descends à la prochaine.
[jö desan za la proşen]

Ne zaman ineceğimi lütfen bildirirmisiniz?
Auriez-vous l'amabilité de me dire quand je dois descendre?
[orye vu lamabilite dö mö dir kan jö dua desandr]

Yarım saatlik bir gecikmemiz var.
Nous avons une demi-heure de retard.
[nu zavon zün dömi ör dö rötar]

Bu bavulu Poitiers trenine götürün, lütfen.

Veuillez porter cette valise au train de Poitiers.

[vöye porte set valiz o tren dö puatye]

Lütfen bavulu alınız.

Veuillez prendre la valise.

[vöye prandr la valiz]

Bagajımı emanete götürünüz.

Portez mes bagages à la consigne.

[porte me bagaj a la konsiny]

Bunlar benim eşyalarım değil.

Ce ne sont pas mes affaires.

[sön son pa me zafer]

Büyük bir bavul eksik.

Il manque une grande valise.

[il mank ün grand valiz]

Borcum ne kadar?
Combien vous dois-je?
[konbyen vu duaj]

Paris'e bilet ücreti nedir?
Combien coûte un billet pour Paris?
[konbyen kut ön biye pur pari]

Cereyan yapıyor.
Ça fait du courant d'air.
[sa fe dü kuran der]

Bir şikâyette bulunmak istiyorum.
Je désire porter plainte.
[jö dezir porte plent]

Şimdi nerelerdeyiz?
Où nous trouvons-nous actuellement?
[u nu truvon nu zaktüelman]

Daha çok vakit var.
Vous avez largement le temps.
[vu zave larjman lö tan]

Lütfen nerede ineceğimi söyleyin.
Veuillez m'indiquer l'endroit où je dois descendre.
[vöye mendike landrua u jö dua desandr]

TREN YOLCULUĞU İLE İLGİLİ SÖZCÜKLER

kalkmak, hareket etmek	partir [partir]
kalkış, hareket	départ [depar]
kompartıman	compartiment [komparti-man]
varmak	arriver [arive]
varış	arrivée [arive]
bağlantı, aktarma	correspondance [kores-pondans]
durma, kalma	arrêt [are]
çıkış	sortie [sorti]
inmek	descendre [desandr]
istasyon	gar [gar]
istasyon şefi	chef de gare [şef dö gar]
peron	quai [ke]
gidiş bileti	aller simple [ale senpl]
giriş	entrée [antre]
demiryolu	chemin de fer [şömen dö fer]
indirim	réduction [redüksiyon]
tren tarifesi	annuaire des chemins de fer [anüer de şömen dö fer]
pencere yanındaki yer	place de fenêtre [plas dö fönetr]
bagaj	bagages [bagaj]

bagaj kabul yeri	dépôt de bagages [depo dö bagaj]
bagaj fişi	récépissé de bagages [resepise dö bagaj]
bagaj rafı	filet à bagages [file a bagaj]
bagaj vagonu	soute à bagages [sut a bagaj]
el çantası	valise portative [valiz portativ]
ray	rail [ray]
el valizi	bagages à main [bagaj za me**n**]
gar	gare [gar]
ana giriş	entrée principale [a**n**tre pre**n**sipal]
kalorifer	chauffage [şofaj]
çocuk bileti	billet pour enfant [biye pur a**n**fa**n**]
kontrolör	contrôleur [ko**n**trolör]
lokomotif	locomotive [lokomotiv]
makinist	mécanicien [mekanisye**n**]
yolcu treni	train de voyageurs [tre**n** dö vuayajör]
yolcu valizi	valise de voyage [valiz dö vuayaj]
yolluk	provisions de voyage [provizyo**n** dö vuayaj]
gidiş-dönüş bileti	billet d'aller-retour [biye dale rötur]
biletçi	receveur [rösvör]

gişe	guichet [gişe]
yataklı vagon	wagon-lit [vagonli]
ekspres	rapide [rapid]
yemek vagonu	wagon-restaurant [vagon restoran]
vagon kapısı	portière [portyer]
tren	train [tren]

OTOMOBİLLE YOLCULUK

Bana en yakın benzin istasyonunun nerede olduğunu söyler misiniz?
Pouvez-vous m'indiquer le poste d'essence le plus proche?
[puve vu mendike lö post desans lö plü proş]

Bir sonraki benzin istasyonu nerede?
Où se trouve le prochain poste d'essence?
[u sö truv lö proşen post desans]

Burada benzin nerede bulunur?
Où trouve-t-on de l'essence par ici?
[u truv ton dö lesans par isi]

Yollardan hangisi daha kısadır?
Quel est le chemin le plus court?
[kel e lö şömen lö plü kur]

Le Hâvre yolu iyi midir?
La route du Hâvre est-elle bonne?
[la rut dü avr etel bon]

Fontainebleau'ya buradan ne kadar var?
Fontainebleau est à combien d'ici?
[fontenblo eta konbyen disi]

Önümüzdeki şehre kaç kilometre var?
Combien y a-t-il de kilomètres jusqu'à la ville la plus proche?
[konbyen yatil dö kilometr jüska la vil la plü proş]

Caddeyi harita üzerinde gösterir misiniz?
Pouvez-vous me montrer la rue sur la carte?
[puve vu mö montre la rü sür la kart]

Yabancı olduğum için, bir gümrük numarası verecek misiniz?
Vu que je suis étranger (ère), me donnerez-vous un numéro douanier?
[vü kö jö süi zetranje, mö donre vu zön nümero duanye]

Lütfen doldurunuz.
Faites le plein, s'il vous plaît.
[fet lö plen silvuple]

10 litre normal benzin, lütfen.
10 litres d'essence ordinaire, s'il vous plaît.
[di litr desans ordiner silvuple]

Lütfen 20 litre süper.
20 litres de super, s'il vous plaît.
[ven litr dö süper silvuple]

Lütfen yağı boşaltınız.
Faites la vidange, s'il vous plaît.
[fet la vidanj silvuple]

Lütfen yağı kontrol ediniz.
Contrôlez le niveau d'huile, s'il vous plaît.
[kontrole lö nivo düil silvuple]

Lütfen yağı değiştirir misiniz?
Veuillez changer l'huile.
[vöye şanje lüil]

Radyatör suyunu kontrol eder misiniz?
Veuillez contrôler l'eau du radiateur.
[vöye kontrole lo dü radyatör]

Bir bidon su istiyorum.
Je désire un bidon d'eau.
[jö dezir önbidon do]

Ön camı yıkayın lütfen.
Lavez le pare-brise, je vous prie.
[lave lö parbriz jö vu pri]

Lütfen arabamı yıkayınız.
Lavez la voiture, s'il vous plaît.
[lave la vuatür silvuple]

Aküyü doldurun.
Rechargez les accus.
[röşarje le zakü]

Lütfen bu bidonu benzinle doldurunuz.
Veuillez, je vous prie, remplir ce jerrican d'essence.
[vöye jö vu pri ranplir sö cerikan desans]

Karbüratörü sökün.
Démontez le carburateur.
[demonte lö karbüratör]

Lütfen silindiri çıkarınız.
Veuillez ôter les cylindres.
[vöye zote le silendr]

Arabamı yedekte götürür müsünüz?
Pouvez-vous me prendre en remorque?
[puve vu mö prandr an römork]

En yakın garaj neresidir?
Où se trouve le garage le plus proche?
[u sö truv lö garaj lö plü proş]

Bu yakınlarda bir garaj var mıdır?
Y a-t-il un garage dans les environs?
[yatil ön garaj dan le zanviron]

Arabayı nerede bırakabilirim?
Où puis-je déposer la voiture?
[u püij depoze la vuatür]

Bir gecelik garaj ücreti ne kadar?
Combien coûte le garage pour la nuit?
[konbyen kut lö garaj pur la nüi]

Arabamı garajdan almak istiyorum.
Je désire reprendre la voiture du garage.
[jö dezir röprandr la vuatür dü garaj]

Bu yakınlarda bir tamir istasyonu var mıdır?
Y a-t-il un atelier de réparation dans les parages?
[yatil ön atölye dö reparasyon dan le paraj]

Oto için yedek parçanız var mı?
Avez- vous des pièces de rechange pour autos?
[ave vu de pyes dö röşanj pur oto]

En yakın oto tamir atelyesi nerededir?
Où se trouve le plus proche atelier de réparations pour autos?
[u sö truv lö plü proş atölye dö reparasyo**n** pur oto]

Bana biraz yardım eder misiniz?
Pouvez-vous me donner un petit coup de main?
[puve vu mö done ö**n** pti ku döme**n**]

Şunu bana tamir eder misiniz?
Voulez-vous bien me réparer ceci?
[vule vu bye**n** mö repare sösi]

Kaça tamir edersiniz?
Combien prenez-vous pour la réparation?
[ko**n**bye**n** pröne vu pur la reparasyo**n**]

Tamir ne kadar sürer?
Combien de temps durera la réparation?
[konbyen dö tan dürra la reperasyon]

Ne zaman bitecek?
Quand se terminera-t-elle?
[kan sö terminra tel]

Tamir aşağı yukarı kaça çıkar?
A combien se montera approximativement la réparation?
[a konbyen sö montöra aproksimativman la reparasyon]

Benzin bitti.
Je suis en panne sèche.
[jö süi zan pan seş]

Ateşleme kesiliyor.
L'allumage se coupe.
[lalümaj sö kup]

Batarya boşalmış.
Les batteries sont à plat.
[le batri son ta pla]

Karbüratör boğulmuş.
Le carburateur est noyé.
[lö karbüratör e nuaye]

Bujiler çalışmıyor.
Les bougies sont encrassées.
[le buji son tankrase]

Kompresyon düşük.
La compression est faible.
[la konpresyon e febl]

Motor birden bire duruyor.
Le moteur stoppe brusquement.
[lö motör stop brüskman]

Motor boğuluyor.
Le moteur se bloque.
[lö motör sö blok]

Segmanlar bozuk.
Les segments sont abîmés.
[le segman son tabime]

Benzin sarfiyatı çok fazla.
La consommation d'essence est excessive.
[la konsomasyon desans e teksesiv]

Benzin depodan motora gitmiyor.
L'essence ne va pas du réservoir au moteur.
[lesans nö va pa dü rezervuar o motör]

Frenler iyi değil.
Les freins ne fonctionnent pas bien.
[le fren nö fonksyon pa byen]

Piston kolu kırılmış.
Une bielle est coulée.
[ün biyel e kule]

Motor ısınıyor.
Le moteur chauffe.
[lö motör şof]

Vidalar sıkıştırılmalı.
Il faut resserrer les écrous.
[il fo rösere le zekru]

Sigorta yanmış.
Le disjoncteur a claqué.
[lö disjonktör a klake]

Bir arızamız var.
Nous sommes en panne.
[nu som zan pan]

En yakın kasabadan bir tamirci gönderebilir misiniz?
Pouvez-vous faire venir un dépanneur du village le plus proche?
[puve vu fer vönir ön depanör dü vilaj lö plü proş]

Bana yardım gönderebilir miydiniz?
Pouvez-vous m'envoyer de l'aide.
[puve vu manvuaye dö led]

Arabamı yedekte götürebilir misiniz?
Pouvez-vous prendre ma voiture en remorque?
[puve vu prandr ma vuatür an römork]

Lastik patladı.
Un pneu a crevé.
[ön pnö a kröve]

Bir kaza geçirdim.
J'ai eu un accident.
[je ü ön naksidan]

Arabam sigortalıdır.
Ma voiture est assurée.
[ma vuatür e tasüre]

Bir çarpışma oldu.
J'ai eu une collision.
[je ü ün kolizyon]

Kazadan ben sorumlu değilim.
Je ne suis pas responsable de l'accident.
[jö nö süi pa responsabl dö laksidan]

Araba ansızın durdu.
L'auto s'est arrêtée inopinément.
[loto setarete inopineman]

Araba beni geçmek istedi.
La voiture a voulu me dépasser.
[la vuatür a vulü mö depase]

Ben arabamı hızlı sürmüş değilim.
Je ne conduisais pas vite.
[jö nö kondüize pa vit]

Araba gitmiyor.
La voiture ne veut pas démarrer.
[la vuatür nö vö pa demare]

Özür dilerim.
Je vous présente toutes mes excuses.
[jö vu prezant tut me zeksküz]

Ehliyetim var.
Je suis détenteur d'un permis de conduire.
[jö süi detantör dön permi dö kondüir]

Önce sağa sapın, sonra sola.
D'abord, tournez à droite puis prenez la gauche.
[dabor turne za druat püi pröne la goş]

Uzak değil.
Ça n'est pas loin.
[sa ne pa luen]

Bu taraftadır.
C'est de ce côté.
[se dös kote]

OTOMOBİLLE İLGİLİ SÖZCÜKLER

aks	axe [aks]
römork	remorque [römork]
dinamo göbeği	corps de la dynamo [kor dö la dinamo]
bobin teli	fil de bobinage [fil dö bobinaj]
bobin	bobine [bobin]
motoru işletmek	mettre en marche le moteur [metr a**n** marş lö motör]
kontak anahtarı	clef de contact [kle dö ko**n**takt]
diferansyel	différenciel [difera**n**syel]
egzoz	échappement [eşapma**n**]
egzoz borusu	pot d'échappement [po deşapma**n**]
iç lastik	chambre à air [şa**n**br a er]
benzin almak	faire le plein d'essence [fer lö ple**n** desa**n**s]
benzin deposu	réservoir d'essence [rezarvuar desa**n**s]
benzin kabı	jerrican [cerika**n**]
fren	frein [fre**n**]
fren yapmak	freiner [frene]
fren pedalı	frein à pied [fre**n** a pye]
dizel motoru	moteur diesel [motör dyezel]

mazot	mazout [mazut]
dinamo	dynamo [dinamo]
elektrik tesisatı	installation électrique [enstalasyon elektrik]
kriko	cric [krik]
stepne	roue de secours [ru dö sökur]
yedek parça	pièce de rechange [pyes dö röşanj]
eksantrik	excentrique [eksantrik]
şasi	chassis [şasi]
yay	amortisseur [amortisör]
suspansyon	suspension [süspansyon]
jant	jante [jant]
yama	pièce [pyes]; raccord [rakor]
yamamak	rapiécer [rapyese]; vulcaniser [vülkanize]
hidrolik fren	frein hydraulique [fren idrolik]
vites	levier de vitesse [lövye dö vites]
gaz kolu	levier des gaz [lövye de gaz]
gaz pedalı	champignon [şanpinyon]
debreyaj	débrayage [debreyaj]
hız	vitesse [vites]
şanjıman	changement de vitesse [şanjman dö vites]
vites kutusu	boîte de vitesse [buat dö vites]

el freni	frein à main [fren a men]
arka aks	axe arrière [aks aryer]
arka pencere	fenêtre arrière [fönetr aryer]
arka tekerlek	roue arrière [ru aryer]
arka tekerlek freni	frein de roue arrière [fren dö ru aryer]
korna	avertisseur [avertisör]; klaxon [klakson]
karoser	carrosserie [karosri]
zincir çarkı	roue chaînée [ru şene]
kilometre sayacı	compteur de vitesse [kontör dö vites]
takoz	cale [kal]
segman	segment [segman]
kompresör	compresseur [konpresör]
kontak düğmesi	bouton de contact [buton dö kontakt]
çamurluk	garde-boue [gardbu]
radyatör	radiateur [radyatör]
debriyaj kutusu	boîte de débrayage [buat dö debreyaj]
debriyaj pedalı	pédale de débrayage [pedal dö debrayaj]
biyel	bielle [biyel]
viraj	virage [viraj]
volan	volant [volan]
direksiyon mili	levier de direction [lövye dö direksyon]
hava pompası	pompe à air [ponp a er]
hava filtresi	filtre à air [filtr a er]

dış lastik	pneu [pnö]
motor kaputu	capot [kapo]
sis farı	réflecteur à brouillard [reflektör a bruyar]
far	phare [far]
plaka	plaque d'immatriculation [plak dimmatrikülasyon]
yağ deposu	réservoir d'huile [rezervuar düil]
yağ tenekesi	bidon d'huile [bidon düil]
arıza	panne [pan]
park yapmak	se garer [sö gare]; se parquer [sö parke]
park yeri	auto-parc [otopark]
pedal	pédale [pedal]
beygir gücü	chevaux [şövo]; chevaux-vapeur [şövo vapör]
lastik patlaması	crevaison [krövezon]
tamir	réparation [reparasyon]
arka kanape	siège arrière [syej aryer]
dikiz aynası	rétroviseur [retrovizör]
amortisör	amortisseur [amortisör]
cam sileceği	essuie-glace [esüi glas]
gres yağı	graisse [gres]
yağ pompası	pompe à huile [ponp a üil]
kar zinciri	chaîne antidérapante [şen antiderapant]
tampon	tampon [tanpon]; pare-chocs [par şok]
benzin istasyonu	poste d'essence [post

	desans]
kaza	accident [aksidan]
supap	soupape [supap]
vantilatör kayışı	courroie de ventilateur [kurua dö vantilatör]
karbüratör	carburateur [karbüratör]
trafik kuralları	code de la route [kod dö la rut]
trafik işaretleri	panneaux de signalisation routière [pano dö sinyalizasyon rutyer]
ön tekerlek	roue avant [ru avan]
ön kanepe	siège avant [syej avan]
takım çantası	trousse de réparation [trus dö reparasyon]
ön cam	pare-brise [parbriz]
dişli çark	roue dentée [ru dante]
buji	bougie [buji]
ateşleme	allumage [alümaj]
silindir	cylindre [silendr]

UÇAKLA YOLCULUK

Bugün Paris'e uçak var mı?
Y a-t-il aujourd'hui un vol pour Paris?
[yatil ojurdüi ön vol pur pari]

Toulouse'a bundan sonraki ilk uçak ne zaman kalkıyor?
Quand décolle le premier avion pour Toulouse?
[kan dekol lö prömye ravyon pur tuluz]

Lyon'a gidiş-dönüş uçuşun fiyatı nedir?
Combien coûte l'aller-retour Lyon?
[konbyen kut lale rötur lyon]

Hava limanı nered edir?
Où se trouve l'aéroport?
[u sö truv laeropor]

Ne zaman hava alanında olmam gerekir?
A quelle heure dois-je me trouver à l'aérodrome?
[a kel ör duaj mö truve a laerodrom]

Yarın için İstanbul'a iki yer istiyorum.
Je désire réserver pour demain deux places pour İstanbul.
[jö dezir rezerve pur dömen dö plas pur istanbul]

Bagaj kaç kilo geliyor?
Combien pèsent mes bagages?
[konbyen pez me bagaj]

Bagaj kaç kiloya kadar ücretsizdir?
Combien de kilos peut-on emporter sans surcharge?
[konbyen dö kilo pöton anporte san sürşarj]

Uçak zamanında gelecek mi?
L'appareil arrivera-t-il à l'heure dite?
[laparey arivra til a lör dit]

Uçak 10 dakika gecikme ile gelecek.
L'avion arrivera avec un retard de dix minutes.
[lavyon arivra avek ön rötar dö di minüt]

Bir gazete rica edebilir miyim?
Puis-je avoir un journal?
[püij avuar ön jurnal]

Kendimi iyi hissetmiyorum.
Je me sens mal (Je ne me sens pas bien).
[jöm san mal (jön mö san pa byen]

Ne zaman iniyoruz?
A quelle heure atterrissons-nous?
[a kel ör aterison nu]

Ankara ile Dijon arasında uçak seferleri var mıdır?
Existe-t-il une ligne aérienne entre Dijon et Ankara?
[egzistil ün liny aeryen antr dijon e ankara]

Uçak ne zaman kalkıyor?
Quand décolle l'avion?
[kan dekol lavyon]

Yarın İstanbul'a uçacağım.
Je prends demain l'avion pour Istanbul.
[jö pran dömen lavyon pur istanbul]

Uçağın kaç dakikalık gecikmesi var?
Combien de minutes de retard a l'avion?
[konbyen dö minüt dö rötar a lavyon]

Sigara içebilir miyim?
Puis-je fumer?
[püij füme]

Kemerimi çözebilir miyim?
Puis-je détacher ma ceinture?
[püij detaşe ma sentür]

.... dağ (.... nehri, ... ormanı) üzerinde uçuyoruz.
Nous survolons le Mont (...., le Fleuve ...., la Forêt de ....).
[nu survolon lö mon, (lö flöv, la fore dö)]

(SINIRLARDA) GİRİŞ - ÇIKIŞ İŞLEMLERİ

Pasaport kontrolü nerededir?
Où se trouve le bureau de contrôle des passeports?
[u sö truv lö büro dö kontrol de paspor]

Pasaportumu İstanbul'da çıkarttım.
Mon passeport a été établi à İstanbul.
[mon paspor a ete etabli a istanbul]

Pasaportumu yenilemeliyim.
Je dois renouveler mon passeport.
[jö dua rönuvle mon paspor]

Gümrük muayenesi nerededir?
Où effectue-t-on le contrôle douanier?
[u efektü ton lö kontrol duanye]

Bagaj kontrolü trende mi yapılacak?
Le contrôle des bagages se fera-t-il dans le train même?
[lö kontrol de bagaj sö föra til dan lö tren mem]

Gümrüğe tabi hiç bir şeyim yoktur.
Je n'ai rien à déclarer.
[jö ne ryen na deklare]

Bavulumu açayım mı?
Dois-je ouvrir ma valise?
[duaj uvrir ma valiz]

Sadece özel eşyalarım var.
Je n'ai que des effets personnels.
[jö ne kö de zefe personel]

Hepsi kullanılmış eşyadır.
Ce sont tous des effets utilisés.
[sö son tus de zefe zütilize]

Bu bir hediyedir.
C'est un cadeau.
[se tön kado]

Bu ise bir yolculuk hatırasıdır.
Quant à cela, c'est un souvenir de voyage.
[kan ta söla se tön suvnir dö vuayaj]

İşte ehliyetim.
Voici mon permis de conduire.
[vuasi mon permi dö kondüir]

Yeşil sigorta kartım var.
J'ai ma carte d'assurance verte.
[je ma kart dasürans vert]

Hiç bilmiyordum.
Je n'en savais absolument rien.
[jö nan save zapsolüman ryen]

Kaç paket sigaranız var?
Combien avez-vous de paquets de cigarettes?
[konbyen ave vu dö pake dö sigaret]

Bavulunuzu açın, lütfen.
Ouvrez donc un peu cette valise.
[uvre donk ön pö set valiz]

Bunun için gümrük ödeyecek miyim?
Dois-je payer des droits douaniers pour cela?
[duaj peye de drua duanye pur söla]

Bu gümrüğe tabi değildir.
Cela n'est point soumis aux droits de Douane.
[söla ne puen sumi zo drua dö duan]

Kuralları bilmiyorum.
Je ne suis pas du tout au courant du régime douanier.
[jö nö süi pa dü tu to kuran dü rejim duanye]

Kaç para ödemem lazım?
Combien dois-je débourser?
[konbyen duaj deburse]

Barınma, Konaklama

OTEL

İyi bir otel biliyor musunuz?
Connaissez-vous un bon hôtel?
[konese vu zön bon notel]

Bana ucuz bir otel tavsiye edebilir misiniz?
Pouvez-vous me recommander un hôtel bon marché
[puve vu mö rekomande ön notel bon marşe]

Fiyatlar biraz yüksek.
Les prix sont passablement élevés.
[le pri son pasablman telöve]

Yurt nerededir?
Où se trouve l'auberge de jeunesse?
[u sö truv loberj dö jönes]

Boş odanız var mı?
Avez-vous des chambres libres?
[ave vu de şanbr libr]

Tek yataklı bir oda istiyorum.
Je désire une chambre à un lit.
[jö dezir ün şanbr a ön li]

Banyolu bir odanız var mı?
Avez-vous une chambre avec bain?
[ave vu zün şanbr avek ben]

İki yataklı ve duşu olan sakin bir oda istiyoruz.
Nous désirons une chambre calme à deux lits avec douche.
[nu deziron zün şanbr kalm a dö li zavek duş]

Bir oda ayırtmıştım.
J'ai réservé une chambre.
[je rezerve ün şanbr]

Çift yataklı bir oda ayırtmıştık.
Nous avons réservé une chambre à deux lits.
[nu zavon rezerve ün şanbr a dö li]

Odayı görebilir miyim?
Puis-je voir la chambre?
[püij vuar la şanbr]

Hayır, bu oda hoşuma gitmedi. Çok karanlık.
Non, cette chambre ne me plaît pas. Elle est trop sombre.
[non set şanbr nö mö ple pa el e tro sonbr]

Oda çok küçük.
La chambre est trop petite.
[la şanbr e tro ptit]

Lütfen bana daha ucuz bir oda gösteriniz.
Veuillez me montrer une chambre meilleur marché.
[vöye mö montre ün şanbr meyör marşe]

Odanın bir günlüğü ne kadardır?
Quel est le prix de la chambre pour la journée.
[kel e lö pri dö la şanbr pur la jurne]

Her şey dahil midir?
Tout est-il compris?
[tu tetil konpri]

Lütfen bagajımı istasyondan getirtiniz.
S'il vous plaît, faites venir mes bagages de la gare.
[silvuple fet vönir me bagaj dö la gar]

Eşyalarım arabadadır.
Mes effets sont dans la voiture.
[me zefe son dan la vuatür]

Eşyalarımı hemen odama getiriniz.
Portez immédiatement mes effets dans la chambre.
[porte zimedyatman me zefe dan la şanbr]

Yarın beni lütfen saat sekizde uyandırınız.
Veuillez, je vous prie, me réveiller demain à huit heures.
[vöye jö vu pri mö reveye dömen a üit ör]

Lokantanız var mıdır?
Avez-vous le restaurant?
[ave vu lö restoran]

Nereden telefon edebilirim?
D'où puis-je téléphoner?
[du püij telefone]

Gelinceye dek eşyalarımı burada bırakabilir miyim?
Puis-je laisser mes effets ici jusqu'à mon retour?
[püij lese me zefe zisi jüska mon rötur]

13 numaralı odanın anahtarını, lütfen.
Les clefs de la chambre treize, s'il vous plaît.
[le kle dö la şanbr trez silvuple]

Yarın sabah hareket ediyorum.
Je pars demain matin.
[jö par dömen maten]

Bu akşam hareket ediyoruz.
Nous partons ce soir.
[nu parton sö suar]

Hesabım hazır mıdır?
Mon compte est-il prêt?
[mon kont etil pre]

Eşyalarımı lütfen aşağıya indirtiniz.
Veuillez faire descendre mes affaires.
[vöye fer desandr me zafer]

Lütfen bir taksi çağırınız.
Veuillez appeler un taxi.
[vöye zaple rön taksi]

Burada yalnız bir gece kalacağım.
Je ne passerai qu'une nuit ici.
[jön pasre kün nüi tisi]

Tuvalet nerededir?
Où se trouvent les lavabos?
[u sö truv le lavabo]

Otel kaça kadar açıktır?
Jusqu'à quelle heure l'hôtel est-il ouvert?
[jüska kel ör lotel etil uver]

Garajınız var mı?
Avez-vous un garage?
[ave vu zön garaj]

Lütfen arabamı garaja bırakınız.
Veuillez déposer ma voiture au garage.
[vöye depoze ma vuatür o garaj]

Kahvaltı ne zaman yapılır?
A quelle heure sert-on le petit déjeuner?
[a kel ör serton lö pti dejöne]

Öğle (akşam) yemeği ne zaman yenir?
Quand sert-on le déjeuner (le dîner)?
[kan serton lö dejöne (lö dine)]

Oda anahtarımı veriniz, lütfen.
Donnez-moi les clefs de ma chambre, s'il vous plaît.
[done mua le kle dö ma şanbr silvuple]

Lütfen odayı gösterir misiniz?
Veuillez me montrer la chambre.
[vöye mö montre la şanbr]

Burada üç gün kalacağız.
Nous resterons ici trois jours.
[nu restöron zisi trua jur]

Arabamı (motosikletimi...) nerede bırakabilirim?
Où puis-je déposer ma voiture (ma motocyclette...)?
[u püij depoze ma vuatür (ma motosiklet...)]

Asansör nerededir?
Où se trouve l'ascenseur?
[u sö truv lasansör]

Lütfen bana bir havlu getiriniz.
Veuillez, je vous prie, m'apporter un essuie-mains.
[vöye jö vu pri maporte ön nesüi men]

Beni arayan soran oldu mu?
Est-ce qu'on m'a demandé (e)?
[eskon ma dömande]

Bana .... numarayı bağlar mısınız?
Veuillez me mettre en communication téléphonique avec le.... .
[vöye mö metr an komünikasyon telefonik avek lö...]

Yatak takımımı değiştiriniz, lütfen.
Veuillez changer la literie.
[vöye şanje la litri]

Üç kez zili çaldım. Neredeydiniz?
J'ai sonné trois fois. Où étiez-vous donc?
[je sone trua fua u etye vu donk]

Bana bir gazete bulabilir misiniz?
Pouvez-vous me procurer un journal?
[puve vu mö proküre ön jurnal]

Bana bir yorgan ve bir yastık daha verebilir misiniz?
Puis-je avoir une couverture et un oreiller supplémentaires?
[püij avuar ün kuvertür e ön noreye süplemanter]

Odamda yemeği tercih ederim.
Je préfère prendre mes repas dans ma chambre.
[je prefer prandr me röpa dan ma şanbr]

Bir arkadaş (telefon, mektup) bekliyorum.
J'attends un ami (un coup de téléphone, une missive).
[jatan zön nami (ön ku dö telefon, ün misiv]

PANSİYON

Boş odanız var mı?
Avez-vous une chambre libre?
[ave vu zün şanbr libr]

Bir oda istiyorum.
Je désire une chambre.
[jö dezir ün şanbr]

Odayı görebilir miyim?
Puis-je voir la chambre?
[püij vuar la şanbr]

Tam pansiyon veriyor musunuz?
Donnez-vous la pension complète?
[done vu la pansyon konplet]

Yarım pansiyon bir odanın fiatı ne kadardır?
Combien coûte la demi-pension d'une chambre?
[konbyen kut la dömi pansyon dün şanbr]

Bu eve bir aylık ne kadar istiyorsunuz?
A combien louez-vous cette maison par mois?
[a konbyen lue vu set mezon par mua]

Kira peşin mi ödenecek?
Le loyer se paie-t-il d'avance?
[lö luaye sö petil davans]

Size bir miktar kaparo bırakayım mı?
Dois-je déposer un petit acompte?
[duaj depoze ön pti takont]

Sıcak bir banyo almak istiyorum.
Je désire prendre un bain chaud.
[jö dezir prandr ön ben şo]

Soğuk bir duş almak istiyorum.
Je désire prendre une douche froide.
[jö dezir prandr ün duş fruad]

Burada nerede çamaşır yıkatılabilir?
Où peut-on faire laver son linge ici?
[u pöton fer lave son lenj isi]

Çamaşırlarımı lütfen çamaşırhaneye veriniz.
Veuillez remettre mon linge à la buanderie.
[vöye römetr mon lenj a la büandri]

Çamaşırlarımı ne zaman geri alabilirim?
Quand puis-je reprendre mon linge?
[kan püij reprandr mon lenj]

Bu yıkanmalı ve ütülenmeli.
Ceci doit être lavé et repassé.
[sösi dua tetr lave e röpase]

Gömlek iyi yıkanmamış.
La chemise n'est pas bien lavée.
[la şömiz ne pa byen lave]

Bu elbiseyi ütületmek istiyorum.
Je désire donner à repasser ce complet (cette robe).
[jö dezir done a röpase sö konple (set rob)]

Odam temizlenmemişe benziyor.
Ma chambre ne semble pas avoir été nettoyée.
[ma şanbr nö sanbl pa zavuar ete netuaye]

Anahtar kapatmıyor.
La clef ne fonctionne pas.
[la kle nö fonksyon pa]

Musluk devamlı damlıyor.
Le robinet coule sans arrêt.
[lö robine kul san zare]

Kalorifer çalışmıyor.
Le chauffage central ne fonctionne pas.
[lö şofaj santral nö fonksyon pa]

Radyatörü açabilir misiniz? (kapayabilir misiniz?)
Pouvez-vous ouvrir le radiateur? (Pouvez-vous fermer le radiateur?)
[puve vu zuvrir lö radyatör (puve vu ferme lö radyatör)]

Dış kapının anahtarını alabilir miyim?
Puis-je avoir les clefs de la porte d'entrée?
[püij avuar le kle dö la port dantre]

Bana bir fazla sandalye verebilir misiniz?
Pourriez-vous me faire remettre une chaise supplémentaire?
[puriye vu mö fer römetr ün şez süplemanter]

Şehirde

YOL SORMA

Affedersiniz, buralarını bilir misiniz?
Pardon, êtes-vous du quartier?
[pardon et vu dü kartye]

Operaya (müzeye, sinemaya...) en kısa yol hangisidir?
Quel est le plus court chemin pour se rendre à l'Opéra (au musée, au cinéma...)?
[kel e lö plü kur şömen pur sö randr a lopera (o müze, o sinema...)]

... ya nasıl gidebilirim?
Comment puis-je me rendre à...?
[koman püij mö randr a...]

Şehrin merkezi nerededir?
Où se trouve le centre de la ville?
[u sö truv lö santr dö la vil]

Bu cadde nereye gider?
Où conduit cette avenue?
[u kondüi set avnü]

Hangi yönde gitmeliyim?
De quel côté dois-je aller?
[dö kel kote duaj ale]

Uzak mıdır?
Est-ce loin?
[es luen]

Yürüyerek ne kadar sürer?
Combien de temps faut-il à pied?
[konbyen dö tan fotil a pye]

İstasyona ne kadar yol var?
Quelle distance jusqu'à la gare?
[kel distans juska la gar]

Yürüyerek gidilebilir mi, yoksa bir araca mı binmeli?
Peut-on s'y rendre à pied ou faut-il prendre un moyen de transport (de locomotion)?
[pöton si randr a pye u fotil prandr ön muayen dö transpor (dö lokomasyon)]

Yolumu kaybettim.
Je me suis égaré (e).
[jöm süi zegare]

Hep dosdoğru mu gideceğim?
Dois-je toujours aller tout droit?
[duaj tujur zale tu drua]

İlk caddeden sağa sapıyorum.
Je tourne à droite à la prochaine avenue.
[jö turn a druat a la proşen avnü]

Önümüzdeki kavşaktan sola.
Tournez à gauche au premier embranchement.
[turne za goş o prömye ranbranşman]

Otobüse bineceğim.
Je prendrai l'autobus.
[jö prandre lotobüs]

Ben buranın yabancısıyım.
Je ne suis pas d'ici.
[jön süi pa disi]

Buranın görülmeğe değer yerleri nelerdir?
Quels sont les emplacements d'ici qui valent la peine d'être vus?
[kel son le zanplasman disi ki val la pen detr vü]

Hepsini görmek için ne kadar zaman ister?
Combien de temps faut-il pour tout voir?
[konbyen dö tan fotil pur tu vuar]

Beni... kilisesine götürünüz.
Conduisez-moi à l'Eglise de...
[kondüize mua a legliz dö...]

Şehri görebilmek için yayan gitmek daha iyi olmaz mı?
N'est-il pas préférable d'aller voir la ville à pied?
[netil pa preferabl dale vuar la vil a pye]

Çok hızlı (yavaş) yürüyorsunuz.
Vous marchez trop vite (trop lentement).
[vu marşe tro vit (tro lantman)]

Çok yoruldum.
Je suis très fatigué (e).
[jö süi tre fatige]

Şu levhada ne yazılı?
Qu'y a-t-il d'écrit sur cette enseigne?
[ki yatil dekri sür set anseny]

Katedralı gezeceğim. Siz de gelir misiniz?
Je vais visiter la Cathédrale. Venez-vous avec moi?
[jö ve vizite la katedral vöne vu zavek mua]

Müzeye gidiyorum.
Je vais au musée.
[jö ve zo müze]

Uzun süredir buradayım.
Il y a déjà longtemps que je suis là.
[ilya deja lontan kö jö süi la]

Burası hoşuma gidiyor.
Je me plais bien ici.
[jö mö ple byen nisi]

Çok çabuk alıştım.
Je me suis habitué (e) très vite.
[jöm süi zabitüe tre vit]

Hiç gitmek istemiyorum.
Je n'ai pas du tout envie de partir.
[jö ne pa dü tu tanvi dö partir]

Hep burada kalmak istemem.
Je ne voudrais pas rester ici pour toujours.
[jö nö vudre pa reste risi pur tujur]

Bu şehir rezalet.
Je trouve cette ville affreuse.
[jö truv set vil afröz]

Müzeyi ziyaret etmek istiyoruz.
Nous voulons visiter le Musée
[nu vulon vizite lö müze]

Deniz müzesine en kolay nasıl gidebilirim?
Comment puis-je aller le plus aisément possible au Musée Océanographique?
[koman püij ale lö plü zezeman posibl o müze oseanografik]

Müze haftanın hangi günlerinde açıktır?
Quels jours de la semaine le Musée est-il ouvert?
[kel jur dö la sömen lö müze etil uver]

Adam başına kaç kuruştur?
Combien est-ce par personne?
[konbyen es par person]

Giriş ne kadardır?
Combien coûte l'entrée?
[konbyen kut lantre]

Giriş nerededir?
Où se trouve l'entrée?
[u sö truv lantre]

Ne zaman kapanır?
A quelle heure est la fermeture?
[a kel ör e la fermtür]

Türkçe bilen bir kılavuz var mıdır?
Y a-t-il un guide parlant turc?
[yatil ön gid parlan türk]

Bu resim kimin eseri?
Quel est l'auteur de ce tableau?
[kel e lotör dö sö tablo]

Bu resim hangi yüzyıldan kalma?
De quelle époque date ce tableau?
[dö kel epok dat sö tablo]

Bu heykel kimin eseri?
De qui est cette sculpture?
[dö ki e set skültür]

Bu orijinal mi yoksa kopya mı?
Est-ce l'original ou bien une copie?
[es lorijinal u byen ün kopi]

Raphaêl'in ünlü tablosu nerede?
Où se trouve le fameux tableau de Raphaêl?
[u sö truv lö famö tablo dö Rafael]

Halen ne gibi sergiler açıktır, biliyor musunuz?
Savez-vous quelles autres expositions sont ouvertes?
[save vu kel zotr zekspozisyon son-tuvert]

Resim sergisini ne zaman gezebiliriz?
Quand peut-on visiter l'exposition de peinture?
[kan pöton vizite lekspozisyon dö pentür]

Sergi ne zamana kadar açıktır?
Jusqu'à quelle date l'exposition est-elle ouverte?
[jüska kel dat lekspozisyon etel uvert]

Bir kataloğunuz var mı?
Avez-vous un catalogue?
[ave vu zön katalog]

Bu kuleye çıkabilir miyiz?
Peut-on monter sur cette tour?
[pöton monte sür set tur]

Bu, şehrin en büyük kilisesi midir?
Est-ce la plus grande église de la ville?
[es la plü grand egliz dö la vil]

Bütün gün açık mıdır?
Est-elle ouverte toute la journée?
[etel uvert tut la jurne]

İbadet ne zaman?
Quand dit-on la messe? A quelle heure se fait le service religieux?
[kan diton la mes] [a kel ör sö fe lö servis rölijyö]

Sergi ne zaman açılacak?
Quand s'ouvrira l'exposition?
[kan suvrira lekspozisyon]

İzninizle, size burada veda edeyim.
Permettez-moi de vous quitter ici.
[permete mua dö vu kite isi]

Rehberi izleyiniz.
Suivez le guide.
[süive lö gid]

İki sokak gidin ve sola sapın.
C'est la deuxième rue à gauche.
[se la dözyem rü a goş]

Şu bina ne zaman inşa edildi?
Quand donc cette bâtisse a-t-elle été édifiée?
[kan donk set batis atel ete edifye]

SÖZCÜKLER

anacadde	grande avenue [grand avnü]; grand'rue
ana cadde	[granrü]; rue principale [rü prensipal]
eczane	pharmacie [farmasi]
ofis	bureau [büro]
danışma bürosu	bureau de renseignements [büro dö ransenyman]
sergi	exposition [ekspozisyon]
tesis	installation [enstalasyon]
fırın	boulangerie [bulanjri]
hamam	bain public [ben püblik]
banka	banque [bank]
borsa	bourse [burs]
birahane	brasserie [brasri]
elçilik	ambassade [anbasad]
bitkiler bahçesi	jardin botanique [jarden botanik]; jardin des plantes [jarden de plant]
yaya kaldırımı	trottoir pour piétons [trotuar pur pyeton]
kitabevi	librairie [libreri]
doğumevi	maternité [maternite]
köşe	coin [kuen]
son durak	terminus [terminüs]
fabrika	usine [üzin]
itfaiye	pompier [ponpye]
hava limanı	aéroport [aeropor]

hava alanı	aérodrome [aerodrom]
nehir	rivière [rivyer]; fleuve [flöv]
mezarlık	cimetière [simtyer]
futbol alanı	terrain de football [teren dö futbol]
kayıp eşya bürosu	bureau des objets trouvés [büro de zobje truve]
sokak	rue [rü]
cadde	avenue [avnü]
sendika	syndicat [sendika]
çıkmaz sokak	impasse [enpas]
hapishane	prison [prizon]
mahkeme	tribunal [tribünal]
adliye binası	palais de justice [pale dö jüstis]
ana cadde	avenue principale [avnü prensipal]
ev	maison [mezon]
gökdelen	gratte-ciel [gratsyel]
hastane	hôpital [opital]
panayır	festival [festival]: foire [fuar]; fête foraine [fet foren]
kanal	canal [kanal]
kışla	caserne [kazern]
kahvehane	café [kafe]
kantin	cantine [kantin]
büyük mağaza	grand magasin [gran magazen]
konsolosluk	consulat [konsüla]

enerji merkezi	centrale électrique [santral elektrik]
kilinik	clinique [klinik]
pastahane	pâtisserie [patisri]
konfeksiyon mağazası	magasin de confection [magazen dö konfeksyon]
pazar, çarşı	marché forain [marşe foren]
bakanlık	ministère [minister]
sinema	cinéma [sinema]
alan, meydan	place [plas]; terrain [teren]
fuar	foire [fuar]
mobilya mağazası	magasin de meubles [magazen dö möbl]
müze	musée [müze]
kilise	église [egliz]
katedral	cathédrale [katedral]
eski eserler müzesi	musée des antiquités [müze de zantikite]
arkeoloji müzesi	musée archéologique [müze arkeolojik]
müzikhol	music-hall [müzikol]
okul	école [ekol]
yüksek okul	école supérieure [ekol süperyör]
özel okul	école privée [ekol prive]
lise	lycée [lise]
ilkokul	école primaire [ekol primer]

ticaret okulu	école commerciale [ekol komersyal]
opera	opéra [opera]
opera binası	Opéra [opera]
parfümeri mağazası	parfumerie [parfümri]
polis	police [polis]
belediye binası	hôtel-de-ville [otel dö vil]
gözlemevi	observatoire [opservatuar]
üniversite	université [üniversite]
lokanta	restaurant [restoran]
ayakkabı mağazası	magasin de chaussures [magazen dö şosür]
oyuncak mağazası	magasin de jouets [magazen dö jue]
hayvanat bahçesi	jardin zoologique [jarden zoolojik]
stadyum	stade [stad]
banliyö	banlieue [banliyö]
öğrenci birliği	association des étudiants [asosyasyon de zetüdyan]
öğrenci yurdu	maison des étudiants [mezon de zetüdyan]
yüzme havuzu	piscine [pisin]
plaj	plage [plaj]
benzin istasyonu	poste d'essence [post desans]
telefon kulübesi	cabine téléphonique [kabin telefonik]
gece kulübü	boîte de nuit [buat dö nüi]
spor kulübü	club sportif [klöb sportif]

sigorta şirketi	société d'assurances [sosyete dasürans]
kuru temizleme mağazası	magasin de teinture-dégraissage [magazen dö tentür degresaj]
konser salonu	salle de concert [sal dö konser]
tiyatro	théâtre [teatr]
ortaokul	école secondaire [ekol sögonder]

İstasyona hangi tramvayla gitmeliyim?
Quel tramway dois-je prendre pour aller à la gare?
[kel tramue duaj prandr pur ale a la gar]

... ya bir otobüs var mıdır?
Y a-t-il un autobus pour ...?
[yatil ön notobüs pur ...]

17 no.lu otobüs buradan geçer mi?
Est-ce que l'autobus dix-sept passe par ici?
[eskö lotobüs diset pas par isi]

Durak neresidir?
Où se trouve l'arrêt?
[u sö truv lare]

... ya giden otobüsün nerede durduğunu söyler misiniz?
Pouvez-vous me dire où s'arrête l'autobus pour ...?
[puve vu mö dir u saret lotobüs pur ...]

Metro ile gideceğim.
J'irai par le métro.
[jire par lö metro]

... ya bir bilet lütfen.
Un billet pour .... s'il vous plaît.
[ön biye pur ..., silvuple]

Bir aktarmalı bilet, lütfen.
Un billet de correspondance, s'il vous plaît.
[ön biye dö korespondans, silvuple]

... istasyonuna gitmek istiyorum.
Je désire me rendre à la Gare de ...
[jö dezir mö randr a la gar dö ...]

Aktarma yapmak gerekir mi?
Dois-je changer?
[duaj şanje]

Oraya gelince lütfen bana bildirin.
Je vous prie de me prévenir quand nous y serons.
[jö vu pri döm prevnir kan nu zi söron]

Hey! Taksi!
Hep, taxi!
[ep taksi]

Boş musunuz?
Etes-vous libre?
[et vu libr]

Hava alanına en çabuk nasıl gidebilirim?
Comment me rendre le plus tôt possible à l'aérodrome?
[koman mö randr lö plüto posibl a laerodrom]

İstasyon, lütfen.
A la gare, je vous prie.
[a la gar jö vu pri]

Hızlı sürünüz!
Conduisez vite!
[kondüize vit]

Daha çabuk!
Plus vite!
[plü vit]

Bu kadar hızlı sürmeyin, lütfen!
Ne roulez pas si vite, je vous prie!
[nö rule pa si vit jö vu pri]

Lütfen burada bir dakika durur musunuz?
Je vous prie de vous arrêter un moment ici.
[jö vu pri de vu zarete ön moman isi]

SİNEMA, TİYATRO, KONSER

Bu akşam ne yapıyoruz?
Que faisons-nous ce soir?
[kö fözon nu sö suar]

Bu akşam için bir planınız var mı?
Avez-vous un programme pour ce soir?
[ave vu zön program pur sö suar]

Bu akşam şehir tiyatrosuna gidelim mi?
Voulez-vous aller ce soir au théâtre municipal?
[vule vu zale sö suar o teatr münisipal]

Bu akşam konsere gidelim mi?
Voulez-vous aller au concert ce soir?
[vule vu zale o konser sö suar]

Tiyatroya mı yoksa sinamaya mı gitmeyi tercih edersiniz?
Aimez-vous mieux aller au théâtre ou au cinéma?
[eme vu myö zale o teatr u o sinema]

Bu yakınlarda bir sinema var mıdır?
Y a-t-il un cinéma dans les parages?
[ya til ön sinema dan le paraj]

Bu akşam ...tiyatrosunda ne oynuyor?
Que joue-t-on ce soir au Théâtre de ...?
[kö juton sö suar o teatr dö ...]

Temsil ne zaman başlıyor?
Quand commence la représentation?
[kan komans la röprezantasyon]

Biletler nereden alınacak?
Où prend-on les billets?
[u pran ton le biye]

Bu akşam için bilet var mı acaba?
Y a-t-il encore des places pour ce soir?
[ya til ankor de plas pur sö suar]

Yarın için telefonla iki bilet ayırtabilir miyim?
Puis-je réserver par téléphone deux billets pour demain?
[püij rezerve par telefon dö biye pur dömen]

Tüm biletler satılmıştır.
Tous les billets sont vendus.
[tu le biye son vandü]

Ortalardan bir yer istiyorum.
Je désire une place de milieu.
[jö dezir ün plas dö milyö]

En ucuz yerler hangileri?
Quelles sont les places meilleur marché?
[kel son le plas meyör marşe]

İlk sıradan iki koltuk, lütfen.
Deux fauteuils dans la première rangée, je vous prie.
[dö fotöy dan la prömyer ranje jö vu pri]

Balkonda yeriniz var mı?
Y a-t-il des places de balcon?
[ya til de plas dö balkon]

Sadece galeride yer kalmış.
Il ne reste que des places de galerie.
[il nö rest kö de plas dö galri]

Yerler numaralı mıdır?
Les places sont-elles numérotées?
[le plas son tel nümerote]

Şapka ve pardesüleri vestiyere bırakalım.
Donnons nos manteaux et nos chapeaux au vestiaire.
[donon no manto e no şapo zo vestyer]

Bir yerin fiyatı ne kadar?
Combien coûte la place?
[konbyen kut la plas]

Çabuk ol! Temsil başlamak üzere.
Dépêche-toi! Le spectacle va commencer.
[depeş tua lö spektakl va komanse]

Perde arası ne kadar sürer?
Combien de temps dure l'entracte?
[konbyen dö tan dür lantrakt]

Gel! Birer sigara yakalım.
Viens! Nous allons fumer une cigarette.
[vyen nu zalon füme ün sigaret]

Bir program, lütfen.
Un programme, je vous prie.
[ön program jö vu pri]

Bir dürbün kiralamak istiyorum.
Je désire louer des jumelles.
[jö dezir lue de jümel]

Hangi film oynuyor?
Quel film projette-t-on? Quel film donne-t-on?
[kel film projet ton] [kel film don ton]

Bu biletleri iade etmek istiyorum.
Je désire rendre ces billets.
[jö dezir randr se biye]

SÖZCÜKLER

perde	acte [akt]; rideau [rido]
suare	soirée [suare]
temsil	représentation [röpreza**n**tasyo**n**]
balkon	balcon [balko**n**]
koltuk, parter	fauteuil d'orchestre [fotöy dorkestr]
galeri	galerie [galri]
loca	loge [loj]
üst balkon	deuxième balcon [dözyem balko**n**]
bale	ballet [bale]
alkış	applaudissements [aplodisma**n**]
sahne	scène [sen]
komedi	comédie [komedi]
sanatçı	artiste [artist]
ara	entracte [a**n**trakt]
prova	répétition [repetisyo**n**]
yönetmen	régisseur [rejisör]
rol	rôle [rol]
aktör	acteur [aktör]
aktris	actrice [aktris]
trajedi	tragédie [trajedi]
dramatik	dramatique [dramatik]
bilet	billet [biye]
gala gecesi	soirée de gala [suare dö gala]

başrol	rôle principal [rol prensi-pal]
opera	opéra [opera]
operet	opérette [operet]
oyun	pièce de théâtre [pyes dö teatr]
matine	matinée [matine]
perde arası	entracte [antrakt]
film	film [film]
polisiye film	film policier [film polisye]
karton film	dessin animé [desen anime]
beyaz perde	écran [ekran]
film yıldızı	vedette [vödet]
sinema	cinéma [sinema]
konser	concert [konser]
oda müziği	musique de chambre [mü-zik dö şanbr]
besteci	compositeur [konpozitör]
senfoni	symphonie [senfoni]
sonat	sonate [sonat]
şarkı	chant [şan]
orkestra	orchestre [orkestr]
yaylı sazlar orkestrası	orchestre pour instruments à cordes [orkestr pur enstrüman za kord]
nefesli sazlar orkestrası	orchestre pour instruments à vent [orkestr pur ens-trüman za van]
şarkıcı	chanteur [şantör]; chan-teuse [şantöz]

tenor	ténor [tenor]
bariton	baryton [bariton]
bas	basse [bas]
alto	alto [alto]
soprano	soprano [soprano]
orkestra şefi	chef d'orchestre [şef dor-kestr]
keman	violon [vyolon]
viyolonsel	violoncelle [vyolonsel]
viyola	viole [vyol]
piyano	piano [pyano]
kontrbas	contrebasse [kontrbas]
flüt	flûte [flüt]
obua	hautbois [obua]
klarnet	clarinette [klarinet]
trompet	trompette [tronpet]

POSTANEDE

En yakın postane nerededir?
Où se trouve le bureau de poste le plus proche?
[u sö truv lö büro dö post lö plü proş]

Bir posta kutusu nerede bulabilirim?
Où puis-je trouver une boîte à lettres?
[u püij truve ün buat a letr]

Postane ne zamanlar açıktır?
Entre quelle heure et quelle heure la poste est-elle ouverte?
[antr kel ör e kel ör la post etel uvert]

Bana mektup var mı?
Y a-t-il une lettre pour moi?
[yatil ün letr pur mua]

İkişer franklık üç posta pulu, lütfen.
Trois timbres à deux francs, je vous prie.
[trua tenbr a dö fran jö vu pri]

Lütfen bu mektubu tartar mısınız?
Veuillez, je vous prie, peser cette lettre.
[vöye jö vu pri pöze set letr]

Mektubun üzerindeki pul yeterli mi?
La lettre est-elle suffisamment affranchie?
[la letr etel süfizaman tafranşi]

Dışarıya para göndermek istiyorum.
Je désire envoyer de l'argent pour l'étranger.
[jö dezir anvuaye dö larjan pur letranje]

Bu paketi Türkiye'ye göndermek istiyorum.
Je désire envoyer ce paquet en Turquie.
[jö dezir anvuaye sö pake an türki]

Bu mektubu taahhütlü göndermek istiyorum.
Je désire envoyer cette lettre en recommandé (e).
[jö dezir anvuaye set le tran rökomande]

Bu mektubu uçakla göndermek istiyorum.
Je désire envoyer cette lettre par avion.
[jö dezir anvuaye set letr par avyon]

Bu mektubu iadeli taahhütlü göndermek istiyorum.
Je désire envoyer cette lettre en double recommandée.
[jö dezir anvuaye set letr an dubl rökomande]

Kaç kiloya kadar serbest?
Quel poids maximum est autorisé?
[kel pua maksimom e totorize]

Bir telgraf çekmek istiyorum.
Je désire expédier une dépêche.
[jö dezir ekspedye ün depeş]

Dışarıya normal bir telgraf kaça?
Combien coûte un télégramme normal pour l'étranger?
[konbyen kut ön telegram normal pur letranje]

Yıldırım telgrafı kaç para?
Combien coûte une dépêche urgente?
[konbyen kut ün depeş ürjant]

Nereden telefon edebilirim?
Où puis-je téléphoner?
[u püij telefone]

Lütfen ..... numarayı bağlar mısınız?
S'il vous plaît, passez-moi le numéro ...?
[silvuple pase mua lö nümero ...]

Bana telefon rehberini verir misiniz?
Pouvez-vous me passer le bottin téléphonique (l'annuaire)?
[puve vu mö pase lö boten telefonik (lanüer)]

Alo, kiminle görüşüyorum?
Allo, qui est à l'appareil?
[alo ki e ta laparey]

... ile görüşebilir miyim?
Puis-je parler à .....?
[püij parle a ....]

Cevap yok.
On ne répond pas.
[on nö repon pa]

Hat (numara) meşgul.
La ligne (le numéro) est occupé(e).
[la liny (lö nümero) e toküpe]

SÖZCÜKLER

mektup	lettre [letr]
posta pulu	timbre-poste [tenbr post]
zarf	enveloppe [anvlop]
matbua	imprimé [enprime]
pul yapıştırmak	coller un timbre [kole rön tenbr]
paket	paquet [pake]
postrestant	poste restante [post restant]
telefon	téléphone [telefon]
telefon etmek	donner un coup de téléphone [done ön ku dö telefon]; téléphoner [telefone]
posta kartı	carte postale [kart postal]
ekspres	par exprès [par ekspre]
taahhütlü	recommandé(e) [rökomande]
uçak postası	poste aérienne [post aeryen]
telgraf	télégramme [telegram]
gönderen	expéditeur [ekspeditör]
alıcı	destinataire [destinater]
adres	adresse [adres]
taahhütlü mektup	lettre recommandée [letr rökomande]
posta kutusu	boîte à lettres [buat a letr]: boîte postale [buat postal]

POLİSTE

En yakın polis karakolu nerededir?
Où se trouve le poste de police le plus proche?
[u sö truv lö post dö polis lö plü proş]

Pasaport dairesi nerede?
Où se trouve le bureau des passeports?
[u sö truv lö büro de paspor]

İşte pasaportum.
Voici mon passeport.
[vuasi mon paspor]

Türkiye'den geliyorum.
J'arrive de Turquie.
[jariv dö türki]

Ben yabancı işçiyim.
Je suis travailleur étranger.
[jö süi travayör etranje]

Turistim.
Je suis touriste.
[jö süi turist]

Adım, ...dir.
Je m'appelle...
[jö mapel ....]

Vizem burada.
Voici mon visa.
[vuasi mon viza]

Burada iki (üç, dört .....) yıl kalacağım.
Je compte rester ici deux (trois, quatre...) ans.
[jö kont reste isi dö (trua, katr .....) an]

Oturma iznimi uzatmak istiyorum.
Je désire faire prolonger mon permis de séjour.
[jö dezir fer prolonje mon permi dö sejur]

Pasaportumu hemen geri alabilir miyim?
Puis-je reprendre immédiatement mon passeport?
[püij röprandr imedyatman mon paspor]

Bu adam sebepsiz bana küfretti.
Cet homme m'a injurié sans raison.
[se tom ma enjürye san rezon]

Bu adam para cüzdanımı çalmak istedi.
Cet homme a voulu me voler mon portefeuille.
[se tom a vulü mö vole mon portföy]

Bir şikâyetim var.
J'ai une plainte a déposer.
[je ün plent a depoze]

Suçsuzum.
Je suis innocent.
[jö süi zinosan]

Yardımınıza ihtiyacım var.
J'ai besoin que vous m'aidiez.
[je bözuen kö vu medye]

BANKADA

Buralarda nerede banka var?
Où y a-t-il une banque dans les parages?
[u yatil ün bank dan le paraj]

Banka ne zaman açıktır? (kapalıdır?)
Quand la banque est-elle ouverte (fermée).
[kan la bank etel uvert [ferme)]

Para bozdurmak istiyorum.
Je désire changer de l'argent.
[jö dezir şanje dö larjan]

Kur ne kadar?
Quels sont les cours?
[kel son le kur]

Bana 10.000 TL.sına karşılık frank verir misiniz?
Pouvez-vous me changer dix mille livres turques en francs?
[puve vu mö şanje di mil livr türk an fran]

50.000 TL.sına karşılık kaç frank alabilirim?
Combien de francs puis-je obtenir en échange de cinquante mille livres turques?
[konbyen dö fran püij optönir an neşanj dö sen kant mil livr türk]

Bu çeki paraya çevirmek istiyorum.
Je désire encaisser ce chèque en espèces.
[jö dezir ankese sö şek an nespes]

Bir hesap açtırmak istiyorum.
Je désire ouvrir un compte.
[jö dezir uvrir ön kont]

Para yatırmak istiyorum.
Je désire déposer de l'argent.
[jö dezir depoze dö larjan]

Para çekmek istiyorum.
Je désire retirer de l'argent.
[jö dezir rötire dö larjan]

100 frank çekmek istiyorum.
Je désire retirer cent francs.
[jö dezir rötire san fran]

200 frank yatırmak istiyorum.
Je désire déposer deux cents francs.
[jö dezir depoze dö san fran]

Para göndermek istiyorum.
Je désire envoyer de l'argent.
[jö dezir anvuaye dö larjan]

Türkiye'ye 1000 frank göndermek istiyorum.
Je désire envoyer 1000 francs en Turquie.
[jö dezir anvuaye mil fran an türki]

Benim için para geldi mi?
Est-ce que de l'argent est arrivé pour moi?
[eskö dö larjan e tarive pur mua]

Burada hangi bankaların şubeleri var?
De quelles banques y a-t-il les filiales ici?
[dö kel bank yatil le filyal zisi]

Matbu bir form doldurmak gerekiyor mu?
Dois-je remplir un formulaire imprimé?
[duaj ranplir ön formüler enprime]

Lütfen makbuz veriniz.
Je vous prie de me délivrer un reçu.
[jö vu pri dö mö delivre ön rösü]

Ne kadar faiz veriyorsunuz?
Combien d'intérêt délivrez-vous?
[konbyen dentere delivre vu]

SÖZCÜKLER

para	argent [arjan]
ödemek	payer [peye]
banka	banque [bank]
çek	chèque [şek]
banka hesabı	compte en banque [kont an bank]
havale	mandat [manda]
havale etmek	transmettre [transmetr]
peşin ödeme	versement comptant [versman kontan]
döviz	devises [döviz]
miktar	quantité [kantite]
göndermek	envoyer [anvuaye]
makbuz, alındı	reçu [rösü]
yatırmak	déposer [depoze]
form	formulaire [formüler]
peşin para, nakit	argent comptant [arjan kontan]; espèces [espes]
bozuk para	petite monnaie [ptit mone]
kâğıt para	billet de banque [biye dö bank]
dolar	dollar [dolar]
frank	franc [fran]
rayiç, kur	cours [kur]; barême [barem]

alıcı	destinataire [destinater]; bénéficiaire [benefisyer]
imza	signature [sinyatür]
kambiyo	change [şa**nj**]
değer	valeur [valör]
ödeme	paiement [pema**n**]
faiz	intérêt [e**n**tere]

LOKANTADA

Buraya yakın bir lokanta var mıdır?
Y a-t-il un restaurant près d'ici?
[yatil ön restoran pre disi]

İyi bir lokanta biliyor musunuz?
Connaissez-vous un bon restaurant?
[konese vu zön bon restoran]

Garson!
Garçon!
[garson]

Buraya kim bakıyor?
Qui fait le service ici?
[ki fe lö servis isi]

Affedersiniz, bu masa boş mu?
Pardon, cette table est-elle libre?
[pardon set tabl etel libr]

Garson Bey!
Chef! Maître d'hôtel!
[şef] [metr dotel]

Bir tabak bezelye çorbası istiyorum.
Je désire un plat de soupe aux petits pois.
[jö dezir ön pla dö sup o pti pua]

Lütfen şu masayı toplayın.
Débarrassez cette table, je vous prie.
[debarase set tabl jö vu pri]

Bize iki şişe de bira getirin.
Apportez-nous également deux bouteilles de bière.
[aporte nu zegalman dö butey dö byer]

Et yemeklerinden ne var?
Qu'avez-vous comme plats de viande?
[kave vu kom pla dö vyand]

Bana önce bir şehriye çorbası getirin.
Apportez-moi une soupe de vermicelles, au préalable.
[aporte mua ün sup de vermisel o prealabl]

Önce soğuk bir yemek istiyorum.
Je désire auparavant un plat froid.
[jö dezir oparavan ön pla frua]

Bize koyun kızartması getirin.
Apportez-nous de l'agneau rôti.
[aporte nu dö lanyo roti]

Bana dana pirzolası ile patates kızartması getirin.
Apportez-moi des côtelettes de veau pommes frites
[aporte mua de kotlet dö vo pom frit]

Benim yemek nerede kaldı?
Q'est-il arrivé à ma commande?
[ketil arive a ma komand]

Lütfen bize iki kahve getirin.
Veuillez nous servir deux cafés.
[vöye nu servir dö kafe]

İçecek bir şeyler istiyorum.
Je désire quelque chose à boire.
[jö dezir kelk şoz a buar]

Lütfen biraz tuz getirebilir misiniz?
Veuillez nous apporter du sel.
[vöye nu zaporte dü sel]

Mümkünse, çay rica ediyorum.
Je désire du thé, si c'est possible.
[jö dezir dü te si se posibl]

Garson, hesap.
Garçon, l'addition.
[garson ladisyon]

Hepsini birlikte hesaplayın.
Faites le compte tout ensemble.
[fet lö kont tu tansanbl]

Hesabı lütfen ayrı ayrı yapın.
Faites les comptes séparément.
[fet le kont separeman]

Herkes kendi hesabını ödeyecek.
Chacun pour soi.
[şakön pur sua]

Üstü kalsın. (Bahşiş olarak)
Gardez la monnaie.
[garde la mone]

Affedersiniz, bu masa tutulmuş mudur?
Pardon, cette table est-elle occupée?
[pardon set tabl etel oküpe]

Bize pencere yanında bir masa veriniz.
Donnez-nous une table près de la fenêtre.
[done nu zün tabl pre dö la fönetr]

Buyurun (yemeğe davet).
Servez-vous. Prenez place.
[serve vu pröne plas]

Bu yemek fevkaladedir.
Ce repas est succulent.
[sö röpa e sükülan]

Sıhhatinize! (Şerefe)
A votre santé (A la vôtre).
[a votr sante (a la votr)]

Biraz daha alır mısınız?
En reprendrez-vous encore un peu?
[an röprandre vu zankor ön pö]

SÖZCÜKLER

a) ÇORBALAR:

et suyu	consommé [konsome]
balık çorbası	bouillabaisse [buyabes]
sebze çorbası	soupe aux tripes [sup dö legüm]
işkembe çorbası	soupe aux tripes [sup o trip]
patates çorbası	soupe de pommes de terre [sup dö pom dö ter]
mercimek çorbası	soupe de lentilles [sup dö lantiy]
şehriye çorbası	soupe de vermicelles [sup dö vermisel]
pirinç çorbası	soupe de riz [sup dö ri]

b) BALIKLAR:

levrek	bar [bar]
palamut	pélamide [pelamid]; thon [ton]
pisi	limande [limand]
barbunya	rouget [ruje]
kefal	mulet [müle]; muge [müj]
uskumru	maquereau [makro]
midye	moule [mul]
sardalye	sardine [sardin]

kılıç	espadon [espadon]

c) ETLİLER:

biftek	bifteck [biftek]
bonfile	filet de bœuf [file dö böf]
ızgara köfte	boulettes grillées [bulet griye]
pirzola	côtelette [kotlet]
ciğer	foie [fua]
böbrek	rognon [ronyon]
kadınbudu köfte	boulettes frites [bulet frit]
tavuk dolması	poulet farci [pule farsi]
kuzu dolması	agneau farci [anyo farsi]
koyun kızartması	mouton rôti [muton roti]
tavuk kızartması	poulet rôti [pule roti]
kuzu kızartması	agneau rôti [anyo roti]
tas kebabı	goulasch [gulaş]

ç) SEBZELER:

taze fasulye	haricots verts [ariko ver]
kuru fasulye	haricots secs [ariko sek]
patlıcan	aubergine [oberjin]
taze bezelye	petits pois frais [pti pua fre]
patates	pommes de terre [pom dö ter]
patates püresi	purée de pommes de terre

	[püre dö pom dö ter]
lahana	choux [şu]
şalgam	navet [nave]
kabak	courgette [kurjet]
mercimek	lentille [lantiy]
dolmalık biber	poivron [púavron]
pırasa	poireau [puaro]
kereviz	céleri [selri]
ıspanak	épinard [epinar]
domates	tomate [tomat]
asma yaprağı	feuille de vigne [föy dö viny]
enginar	artichaut [artişo]

d) HAMUR İŞİ:

makarna	macaroni [makaroni]
börek	pâte feuilletée [pat föyte]
pilav	riz [ri]

e) SALATALAR:

salata	salade [salad]
yeşil salata	salade verte [salad vert]
domates salatası	salade de tomates [salad dö tomat]
patates salatası	salade de pommes de terre [salad dö pom dö ter]
hıyar salatası	salade de concombres [salad dö konkonbr]

beyin salatası	salade de cervelle [salad dö servel]
marul salatası	salade de laitue romaine [salad dö letü romen]
havuç salatası	salade de carottes (salad dö karot]
turp salatası	salade de radis [salad dö radi]
rus salatası	salade russe [salad rüs]
kırmızı lahana salatası	salade de choux rouges [salad dö şu ruj]
yeşil lahana salatası	salade de choux verts [salad dö şu ver]

f) TATLI VE MEYVELER:

dondurma	glace [glas]
komposto	compote [konpot]
meyveli dondurma	glace aux fruits [glas o früi]
kaymaklı dondurma	glace à la crème [glas a la krem]
vanilyalı dondurma	glace à la vanille [glas a la vaniy]
çikolatalı dondurma	glace au chocolat [glas o şokola]
çilekli dondurma	glace à la fraise [glas a la frez]
limonlu dondurma	glace au citron [glas o sitron]
elma kompostosu	compote de pommes

	[konpot dö pom]
ayva kompostosu	compote de coing [konpot dö kuen]
kayısı kompostosu	compote d'abricot [konpot dabriko]
çilek kompostosu	compote de fraises [konpot dö frez]
vişne kompostosu	compote de griottes [konpot dö griyot]
erik kompostosu	compote de prunes [konpot dö prün]
şeftali kompostosu	compote de pêche [konpot dö peş]
elma	pomme [pom]
armut	poire [puar]
şeftali	pêche [peş]
yeşil erik	prune [prün]
mürdüm eriği	quetsche [kuetş]
kiraz	cerise [söriz]
çilek	fraise [frez]
vişne	griotte [griyot]
kavun	melon [mölon]
karpuz	pastèque [pastek]; melon d'eau [mölon do]
üzüm	raisin [rezen]
muz	banane [banan]
portakal	orange [oranj]
mandalina	mandarine [mandarin]
nar	grenade [grönad]
sirke	vinaigre [vinegr]
limon	citron [sitron]
tuz	sel [sel]

kara biber	poivre [puavr]
hardal	moutarde [mutard]
kimyon	cumin [kümen]
sütlü tatlılar	desserts lactés [deser lakte]; laitages [letaj]
kıyma	viande hâchée [vyand aşe]
ızgara	grillade [griyad]
fırın	four [fur]
tava	poêle [pual]; friture [fritür]

İş

İŞ ARAMA

Patronla görüşmek istiyorum.
Je désire parler au patron.
[jö dezir parle o patron]

Lütfen geldiğimi söyler misiniz?
Veuillez m'annoncer, je vous prie.
[vöye manonse jö vu pri]

İşte tavsiye mektubum.
Voici ma lettre de recommandation.
[vuasi ma letr dö rökomandasyon]

Büro ne zaman açılır?
A quelle heure s'ouvrent les bureaux?
[a kel ör suvr le büro]

Kime başvurayım?
A qui m'adresser?
[a ki madrese]

Çok iyi Fransızca konuşamam.
Je ne connais pas très bien le français.
[jö nö kone pa tre byen lö franse]

İlkokul mezunuyum.
J'ai terminé mes études primaires.
[je termine me zetüd primer]

Sanat okulunu bitirdim.
Je suis diplômé(e) d'une Ecole d'Arts et Métiers.
[jö süi diplome dün ekol dar ze metye]

İşte diplomalarım.
Voici mes diplômes.
[vuasi me diplom]

Bir yıldır burada çalışıyorum.
Il y a un an que je travaille ici.
[ilya ön an kö jö travay isi]

Fransa'da iki yıl çalışacağım.
Je compte travailler deux ans en France.
[jö kont travaye dözan an frans]

Türkiye'de marangoz kalfasıydım.
En Turquie, j'étais menuisier.
[an türki jete mönüizye]

Bu şartlar altında çalışamam.
Je ne puis travailler dans des conditions pareilles.
[jö nö püi travaye dan de kondisyon parey]

Ben işsizim.
Je suis sans emploi. (chômeur)
[jö süi san zanplua] [şomör]

Garsonum.
Je suis garçon de café (de restaurant.)
[jö süi garson dö kafe (dö restoran)]

İnşaat işçisiyim.
Je suis ouvrier en bâtiment.
[jö süi zuvriye an batiman]

Usta (kalifiye) işçiyim.
Je suis ouvrier qualifié.
[jö süi zuvriye kalifye]

Bonservisiniz var mı?
Avez-vous des références?]
[ave vu de referans]

İşbaşı saat kaçtadır?
A quelle heure commence le travail?
. [akel ör komans lö travay]

Elektrikçiyim.
Je suis électricien.
[jö süi zelektrisyen]

İş saat sekizde başlar.
On commence à huit heures.
[on komans a üi tör]

Ben bir fabrika işçisiyim.
Je suis embauché dans une usine.
[jö süi zanboşe dan zün üzin]

MESLEKLER

memur	employé [anpluaye]; fonctionnaire [fonksyoner]
eczacı	pharmacien [farmasyen]
işçi	ouvrier [uvriye]
mimar	architecte [arşitekt]
hekim	médecin [medsen]
fırıncı	boulanger [bulanje]
bankacı	employé de banque [anpluaye dö bank]
berber	coiffeur [kuaför]
inşaat işçisi	ouvrier du bâtiment [uvriye dü batiman]
çiftçi	fermier [fermye]
ciltçi	relieur [rölyör]
muhasebeci	comptable [kontabl]
kitapçı	libraire [librer]
odacı	garçon de bureau [garson dö büro]
çırak	apprenti [apranti]
şoför	chauffeur [şoför]
operatör	chirurgien [şirürjyen]
uşak	domestique [domestik]
hizmetçi kadın	femme de ménage [fam dö menaj]
hizmetçi kız	soubrette [subret]
müdür	directeur [directeur]
tornacı	tourneur [turnör]

matbaacı	imprimeur [e**n**primör]
demirci	forgeron [forjro**n**]
elektrik mühendisi	ingénieur-électricien [e**n**jenyör elektrisye**n**]
elektrik teknisyeni	technicien en électricité [teknisye**n** a**n** nelektri-site]
fabrikatör	fabricant [fabrika**n**]
uzman	spécialiste [spesyalist]
itfaiyeci	pompier [po**n**pye]
balıkçı	pêcheur [peşör]
kılavuz, rehber	guide [gid]
bahçıvan	jardinier [jardinye]
zerzevatçı	marchand de fruits et légumes [marşa**n** dö früi ze legüm]
iş adamı	homme d'affaires [om dafer]
dökümcü	fondeur [fo**n**dör]
camcı	vitrier [vitrye]
kuyumcu	bijoutier [bijutye]
zanaatkâr	artisan [artiza**n**]
ebe	sage-femme [sajfam]
nalbant	maréchal-ferrand [mareşal fera**n**]
yüksek mühendis	ingénieur supérieur [e**n**jenyör süperyör]
mühendis	ingénieur [e**n**jenyör]
gazeteci	journaliste [jurnalist]
kaptan	capitaine [kapiten]
tüccar	commerçant [komersa**n**]
garson	garçon [garso**n**]

dadı	gouvernante [guverna**n**t]
tenekeci	zingueur [ze**n**gör]; plombier-zingueur [plo**n**bye ze**n**gör]
aşçı	cuisinier [küizinye]
hastabakıcı	garde-malade [gard-malad]
bakırcı	ouvrier sur cuivre [uvriye sür küivr]
arabacı	cocher [koşe]; voiturier [vuatürye]
tarım işçisi	ouvrier agricole [uvriye agrikol]
hamal	porteur [portör]; portefaix [portfe]
gündelikçi işçi	journalier [jurnalye]
makine mühendisi	ingénieur-mécanicien [e**n**jenyör mekanisye**n**]
makinist	mécanicien [mekanisye**n**]
tayfa	matelot [matlo]
duvarcı	maçon [maso**n**]
usta	contremaître [ko**n**trmetr]
kasap	boucher [buşe]
değirmenci	meunier [mönye]
gece bekçisi	veilleur de nuit [veyör dö nüi]
manav	fruitier [frütye]; marchand de légumes [marşa**n** dö legüm]; marchand des quatre-saisons [marşa**n** de katr sezo**n**]
tesviyeci	ajusteur [ajüstör]

kapıcı	concierge [konsyerj]
avukat	avocat [avoka]
saraç	maroquinier [marokinye]
çoban	berger [berje]
biletçi	receveur [rösvör]
bileyici	rémouleur [remulör]
çilingir	serrurier [serürye]
demirci	ferronnier [feronye]; forgeron [forjron]
terzi	tailleur [tayör]
baca temizleyicisi	ramoneur [ramonör]
kunduracı	cordonnier [kordonye]
teknisyen	technicien [teknisyen]
baytar, veteriner	vétérinaire [veteriner]
marangoz	menuisier [mönüizye]
badanacı	badigeonneur [badijonör]; peintre [pentr]
saatçı	horloger [orloje]
dekoratör	décorateur [dekoratör]
çamaşırcı kadın	lavandière [lavandyer]; blanchisseuse [blan-şisöz]
dokumacı	tisserand [tisran]
ustabaşı	contremaître [kontrmetr]
lokantacı	restaurateur [restoratör]
diş hekimi	dentiste [dantist]
dülger	ébéniste [ebenist]; menuisier [mönüizye]

İŞ YERİNDE

Ustabaşı nerede?
Où se trouve le contremaître?
[u sö truv lö kontrmetr]

Makineyi durdur!
Stoppe les machines!
[stop le maşin]

Gerilimi kes!
Coupe le courant!
[kup lö kuran]

Bu iş bana çok yeni.
Ce travail est tout à fait nouveau pour moi.
[sö travay e tutafe nuvo pur mua]

Lütfen elektrikli matkabı verir misin?
Peux-tu me passer la perceuse électrique?
[pö tü mö pase la persöz elektrik]

Çekici nerede bıraktın?
Où as-tu laissé le marteau?
[u a tü lese lö marto]

Öğle tatili ne kadar?
Combien de temps dure la pause de midi?
[konbyen dö tan dür la poz dö midi]

Paydos!
Congé!
[konje]

Bu makine nasıl çalıştırılır?
Comment on fonctionne cette machine?
[koman ton fonksyon set maşin]

Bugün fazla mesai yapmak istiyorum.
Je désire faire aujourd'hui des heures supplémentaires.
[jö dezir fer ojurdüi de zör süplemanter]

Bu nasıl yapılır?
Comment fait-on cela?
[koman feton söla]

Havya kullanmasını bilmiyorum.
Je ne sais pas comment utiliser le fer à souder.
[jö nö se pa koman tütilize lö ferasude]

Bunun nasıl yapılacağını gösterir misiniz?
Pouvez-vous me montrer comment je dois m'y prendre?
[puve vu mö montre koman jö dua mi prandr]

Eğeyi bulamadım.
Je n'arrive pas à trouver la lime.
[jö nariv pa za truve la lim]

Burada cumartesi günleri çalışılır mı?
Est-ce qu'on travaille ici le samedi?
[eskon travay isi lö samdi]

Otobüsü kaçırdım.
J'ai raté l'autobus.
[je rate lotobüs]

Dün hastaydım.
Hier, j'étais malade.
[iyer jete malad]

Dikkat!
Attention!
[atansyon]

Sizin saat ücretiniz ne kadar?
Combien êtes-vous payé de l'heure?
[konbyen et vu peye dö lör]

Haftada 200 frank alırım.
Je touche deux cents francs par semaine.
[jö tuş dö san fran par sömen]

Avans olarak 50 frank alabilir miyim?
Puis-je toucher une avance de cinquante francs?
[püij tuşe rün avans dö senkant fran]

Saat başına ne ücret verirsiniz?
Combien payez-vous de l'heure?
[konbyen peye vu dö lör]

Yemekhane neredetir?
Où se trouve le réfectoire? (la cantine)
[u sö truv lö refektuar (la kantin)]

Kendimi iyi hissetmiyorum. Eve gitmeliyim.
Je ne me sens pas bien. Je dois rentrer.
[jön mö san pa byen jö dua rantre]

İş iki saat içinde bitirilecek.
Ce travail doit être expédié en deux heures.
[sö travay dua tetr ekspedye an dö zör]

İŞ YERİNDE KULLANILAN ARAÇ VE GEREÇLER

burgu	vrille [vriy]
matkap	perceuse [persöz]
elektrikli matkap	perceuse électrique [persöz elektrik]
balta	hache [aş]
rende, raspa	râpe [rap]
elek	crible [kribl]
makas	ciseaux [sizo]
kriko	cric [krik]
fırça	brosse [bros]
mala	truelle [trüel]
eğe	lime [lim]
çekiç	marteau [marto]
havya	fer à souder [ferasude]
örs	enclume [anklüm]
tirbuşon	tire-bouchons [tirbuşon]
kerpeten	tenailles [tönay]
pens	pinces [pens]
penset	pincettes [penset]
testere	scie [si]
bıçak	couteau [kuto]
çelik kalem	burin [büren]
kürek	pelle [pel]
anahtar	clef [kle]
biley taşı	pierre à aiguiser [pyer a egize]

boya fırçası	pinceau [penso]
tel fırça	brosse de fer [bros dö fer]
kıl fırça	brosse à poils [bros a pual]
vida anahtarı	serre-écrou [serekru]
ingiliz anahtarı	clef anglaise [kle anglez]
marangoz kalemi	couteau de menuisier [kuto dö mönüizye]; ciseau de menuisier [sizo dö mönüizye]
mengene	étau [eto]
tutkal	colle [kol]
vida	vis [vis]
iğne	aiguille [egüiy]
çivi	clou [klu]
teneke	fer-blanc [ferblan]
boya	peinture [pentür]
piston	piston [piston]
huni	entonnoir [antonuar]
tornavida	tournevis [turnövis]

RAKAMLAR

bir	un, une [ön, ün]
iki	deux [dö]
üç	trois [trua]
dört	quatre [katr]
beş	cinq [senk]
altı	six [sis]
yedi	sept [set]
sekiz	huit [üit]
dokuz	neuf [nöf]
on	dix [dis]
onbir	onze [onz]
oniki	douze [duz]
onüç	treize [trez]
ondört	quatorze [katorz]
onbeş	quinze [kenz]
onaltı	seize [sez]
onyedi	dix-sept [diset]
onsekiz	dix-huit [dizüit]
ondokuz	dix-neuf [disnöf]
yirmi	vingt [ven]
otuz	trente [trant]
kırk	quarante [karant]
elli	cinquante [senkant]
altmış	soixante [suasant]
yetmiş	soixante-dix [suasantdis]
seksen	quatre-vingts [katr ven]
doksan	quatre-vingts-dix [katr ven dis]

yüz	cent [san]
yirmi beş	vingt-cinq [ven senk]
otuz altı	trente-six [trant sis]
kırk yedi	quarante-sept [karant set]
elli dört	cinquante-quatre senkant katr]
yetmiş altı	soixante-seize [suasant sez]
seksen üç	quatre-vingt trois [katr ven trua]
doksan beş	quatre-vingt quinze [katr ven kenz]
yüz yirmi beş	cent vingt-cinq [san ven senk]
üç yüz elli beş	trois cent cinquante cinq [truasan senkant senk]
yedi yüz kırk dokuz	sept cent quarante neuf [set san karant nöf]
beş yüz altmış dört	cinq cent soixante quatre [sen san suasant katr]
üç bin beş yüz otuz iki	trois mille cinq cent trente deux [trua mil sen san trant dö]
bin	mille [mil]

Alışveriş

BÜYÜK MAĞAZADA

Alış-verişe çıkıyorum.
Je sors faire des emplettes.
[jö sor fer de zanplet]

Tanesi (kilosu, metresi...) kaça?
Combien la pièce (le kilo, le mètre...)?
[konbyen la pyes (lö kilo, lö metr ....)]

Küçük bir defter istiyorum.
Je désire un petit cahier.
[jö dezir ön pti kaye]

Bunun fiatı ne kadar?
Quel est le prix de cela?
[kel e lö pri dö söla]

Cam eşyalarınız var mı?
Vendez-vous des objets en verre?
[vande vu de zobje zan ver]

Şehrin renkli kartpostalları bulunur mu?
Trouve-t-on des cartes postales en couleur de la ville?
[truv ton de kart postal zan kulör dö la vil]

Çakmak nerede bulabilirim.
Où puis-je trouver un briquet?
[u püij truve ön brike]

Bu gömleğin fiatı ne kadar?
Combien coûte cette chemise?
[konbyen kut set şömiz]

Ekmek taze mi?
Le pain est-il frais?
[lö pen etil fre]

On iki yumurta lütfen.
Une douzaine d'œufs, je vous prie.
[ün duzen dö jö vu pri]

Erkek eşyası bölümü nerede?
Où se trouve le rayon des articles pour hommes?
[u sö truv lö reyon de zartikl pur om]

Lütfen çorapları görebilir miyim?
S'il vous plaît, puis-je voir les bas?
[silvuple püij vuar le ba]

Lütfen bana bir çanta gösterir misiniz?
Veuillez, s'il vous plaît, me montrer un sac.
[vöye silvuple mö montre ön sak]

Daha büyük bir şeyiniz var mı?
Avez-vous quelque chose de plus grand?
[ave vu kelkşoz dö plü gran]

Bu elbise bana uymadı.
Cet habit ne me va pas.
[se tabi nö mö va pa]

Bana uymazsa değiştirebilir miyim?
Si ça ne va pas, puis-je l'échanger?
[si san va pa püij leşanje]

Bir prova edebilir miyim?
Puis-je faire un essayage?
[püij fer ön neseyaj]

Bu ayakkabılar bana çok küçük.
Ces chaussures sont trop petites pour moi.
[se şoşür son tro ptit pur mua]

Bir çift ayakkabı istiyorum.
Je désire acheter une paire de souliers.
[jö dezir aşte ün per dö sulye]

Bir elbise istiyorum.
Je désire acheter-un habit (une robe).
[jö dezir aşte ön abi] [ün rob]

Asansörle yukarı çıkabilir miyim?
Puis-je monter par l'ascenseur?
[püij monte par lasansör]

Daha ucuz şeyler gösterebilir misiniz?
Veuillez me montrer des articles meilleur marché.
[vöye mö montre de zartikl meyör marşe]

Böyle kumaş nerede bulabilirim?
Où puis-je trouver de pareilles étoffes?
[u püij truve dö parey zetof]

Bu olmaz.
Ça ne va pas.
[san va pa]

Sizde bayan şemsiyeleri bulunur mu?
Trouve-t-on chez vous des parapluies pour dames?
[truv ton şe vu de paraplüi pur dam]

Eşim için bir mayo istiyorum.
Je désire acheter un maillot de bain pour ma femme.
[jö dezir aşte ön mayo dö ben pur ma fam]

Vitrindeki puanlı kravatı bir görebilir miyim?
Puis-je voir la cravate à pois de la vitrine?
[püij vuar la kravat a pua dö la vitrin]

Bu çok pahalı.
C'est trop cher.
[se tro şer]

Lütfen paket yapınız.
Veuillez me l'envelopper, je vous prie.
[vöye mö lanvlope jö vu pri]

Lütfen hepsini birlikte paket yapınız.
Veuillez faire un paquet tout ensemble.
[vöye fer ön pake tu tansanbl]

Borcum ne kadar?
Combien dois-je?
[konbyen duaj]

Hepsi ne kadar ediyor?
Combien fait le tout?
[konbyen fe lö tu]

Kasa nerede?
Où se trouve la caisse?
[u sö truv la kes]

Dört taksitte ödemek istiyorum.
Je désire régler en quatre échéances.
[jö dezir regle an katr eşeans]

Bana bir paket ...... sigarası veriniz.
Donnez-moi un paquet de cigarettes ....
[done mua ön pake dö sigaret .....]

Bir paket kaç paradır?
Combien coûte le paquet?
[konbyen kut lö pake]

Lütfen çakmağımı doldurur musunuz?
Voulez-vous remplir mon briquet?
[vule vu ranplir mon brike]

Bir kutu kibrit, lütfen.
Une boîte d'allumettes, je vous prie.
[ün buat dalümet jö vu pri]

Ekmek nerede bulabilirim.
Où puis-je trouver du pain?
[u püij truve dü pen]

Ekmek taze mi bari?
Le pain est frais au moins?
[lö pen e fre o muen]

On iki yumurta istiyorum.
Je désire une douzaine d'œufs.
[jö dezir ün duzen dö]

Bir paket tereyağı, lütfen.
Un paquet de beurre, je vous prie.
[ön pake dö bör jö vu pri]

İki şişe süt istiyorum.
Je désire deux bouteilles de lait.
[jö dezir dö butey dö le]

Bana üç kilo şeker veriniz.
Donnez-moi trois kilos de sucre.
[done mua trua kilo dö sükr]

Bir kilo kuzu pirzolası istiyorum.
Je désire un kilo de côtelettes d'agneau.
[jö dezir ön kilo dö kotlet danyo]

Yarım kilo kıyma, lütfen.
Un demi-kilo de viande hâchée, je vous prie.
[ön dömi kilo dö vyand aşe jö vu pri]

Koyun etinin fiatı nedir?
Quel est le prix de vente du mouton?
[kel e lö pri dö vant dü muton]

SÖZCÜKLER

satın almak	acheter [aşte]
satmak	vendre [vandr]
satıcı	vendeur [vandör]
pahalı	cher [şer]
taksit	crédit [kredi]
borç	dette [det]
borçlu	débiteur [debitör]
vitrin	vitrine [vitrin]
ucuz	bon marché [bon marşe]
para	argent [arjan]
büyük mağaza	grand magasin [gran magazen]
dükkân	boutique [butik]
ayakkabı	chaussure [şosür]; soulier [sulye]
çift	paire [per]
terlik	pantoufle [pantufl]
çizme	botte [bot]
elbise	robe [rob]; habit [abi]
mayo (bayan)	costume de bain [kostüm dö ben]
mayo (bay)	maillot de bain [mayo dö ben]
pijama	pyjama [pijama]
yazlık elbise	costume d'été [kostüm dete]
kışlık elbise	costume d'hiver [kostüm diver]
kemer	ceinture [sentür]

kemer tokası	boucle de ceinture [bukl dö sentür]
eldiven	gant [gan]
sutyen	soutien-gorge [sutyen-gorj]
gözlük	lunettes [lünet]
güneş gözlüğü	lunettes de soleil [lünet dö soley]
bluz	blouse [bluz]
palto	paletot [palto]
manto	manteau [manto]
bornoz	sortie de bain [sorti dö ben]
kürk manto	manteau de fourrure [manto dö furür]
korse	corset [korse]
düğme	bouton [buton]
bayan elbisesi	robe [rob]
zincir	chaîne [şen]
gömlek	chemise [şömiz]
gecelik	chemise de nuit [şömiz dö nüi]
fanila	flanelle [flanel]
don	caleçon [kalson]
pantalon	pantalon [pantalon]
külotlu çorap	bas-culotte [ba külot]
pantalon askısı	bretelles [brötel]
şapka	chapeau [şapo]
silindir şapka	chapeau-cylindre [şapo silendr]; haut-de-forme [odform]

fötr şapka	chapeau de feutre [şapo dö fötr]
ceket	jaquette [jaket]
deri ceket	veste de cuir [vest dö küir]
iç çamaşırı	sous-vêtements [su vetman]
kaşkol	cache-nez [kaşne]
çanta	sac [sak]
yelek	gilet [jile]
cüzdan	portefeuille [portföy]
el çantası	sac à main [sakamen]
yağmurluk	imperméable [enpermeabl]
evrak çantası	porte-documents [port doküman]; serviette servyet]
okul çantası	cartable [kartabl]
kasket	casquette [kasket]
pipo	pipe [pip]
sigara ağızlığı	fume-cigarettes [füm sigaret]
kazak	pull-over [pülover]
kayış	courroie [kurua]
etek	jupe [jüp]
mini etek	mini-jupe [minijüp]
bikini	bikini [bikini]
şemsiye	parapluie [paraplüi]
güneş şemsiyesi	parasol [parasol]
kravat, boyunbağı	cravate [kravat]
toka	boucle à cheveux [bukl a şövö]

önlük	tablier [tabliye]
çekecek	chausse-pied [şospye]
jartiyer	jarretière [jartyer]
çorap	bas [ba]; chaussettes [şoset]
smokin	smoking [smoking]
kibrit	allumette [alümet]
tütün	tabac [taba]
sigar, puro	cigare [sigar]
yün ceket	jaquette de laine [jaket dö len]
yaka	col [kol]
fermuar, gırgır	fermeture-éclair [fermtür ekler]
cep	poche [poş]
kumaş	tissu [tisü]
pamuk	coton [koton]
poplin	popeline [poplin]
ipek	soie [sua]
yün	laine [len]
keten	lin [len]
kadife	velours [völur]
bıçak	couteau [kuto]
çatal	fourchette [furşet]
kaşık	cuillère [küiyer]
kova	seau [so]
terazi	bascule [baskül]
tencere	casserole [kasrol]
tava	poêle [pual]
huni	entonnoir [antonuar]
güveç	terrine [terin]
çaydanlık	théière [teyer]

elek	passoire [pasuar]; crible [kribl]; tamis [tami]
peçete	serviette [servyet]
bulaşık teknesi	évier [evye]
süpürge	balai [bale]
şiş	broche [broş]; brochette [broşet]
tost makinesi	grille-pain [griy-pen]
fırça	brosse [bros]
maşa, pens	pince [pens]
kürek	pelle [pel]
havan	mortier [mortye]
bez	chiffon [şifon]
sepet	panier [panye]
ocak	réchaud [reşo]
havagazı ocağı	réchaud à gaz [reşo a gaz]
şişe	bouteille [butey]
mantar, tıpa	bouchon [buşon]
kül tablası	cendrier [sandriye]
çalar saat	réveille-matin [revey maten]
vazo	vase [vaz]
çamaşır makinesi	machine à laver [maşin a lave]
halı	tapis [tapi]
duvar saati	horloge [orloj]
ütü	fer à repasser [fer a röpa-se]
termometre	thermomètre [termometr]
buz dolabı	réfrigérateur [refrijeratör]; frigidaire [frijider]

iskemle, sandalye	chaise [şez]
paspas	paillasson [payason]
ayna	miroir [miruar]
tabure	tabouret [tabure]
porselen	porcelaine [porslen]
biblo	bibelot [biblo]
avize	lustre [lüstr]
lamba	lampe [lanp]
abajur	abat-jour [abajur]
koltuk	fauteuil [fotöy]
yumurta	œuf [öf]
ekmek	pain [pen]
beyaz ekmek	pain blanc [pen blan]
kara ekmek, çavdar ekmeği	pain de seigle [pen dö segl]
süt	lait [le]
et	viande [vyand]
sebze, zerzevat	légume [legüm]
tas, fincan	tasse [tas]
tereyağı	beurre [bör]
yağ	huile [üil]
zeytinyağı	huile d'olive [üil doliv]
sirke	vinaigre [vinegr]
hayvansal yağ	huile animale [üil animal]; graisse animale [gres animal]
soğan	oignon [onyon]
sarmısak, sarımsak	ail [ay]
limon	citron [sitron]
hardal	moutarde [mutard]
maydanoz	persil [persi]
karabiber	poivre [puavr]

kuru üzüm	raisin sec [rezen sek]
tuz	sel [sel]
tarçın	cannelle [kanel]
bitkisel yağ	graisse végétale [gres vejetal]; margarine [margarin]
marmelat	marmelade [marmlad]
radyo	T.S.F. [te es ef]
cep radyosu	radio de poche [radyo dö poş]
el radyosu	radio portative [radyo portativ]
teyp	magnétophone [manyetofon]
plak	disque [disk]
pikap	électrophone [elektrofon]
hoparlör	haut-parleur [oparlör]
kaset	cassette [kaset]

SAATÇİDE

Bir saat satın almak istiyorum.
Je désire acheter une montre.
[jö dezir aşte ün montr]

Bir kol saatı satın almak istiyorum.
Je désire acheter une montre-bracelet.
[jö dezir aşte ün montr brasle]

Ucuz duvar saatleriniz var mı?
Avez-vous des horloges bon marché?
[ave vu de zorloj bon marşe]

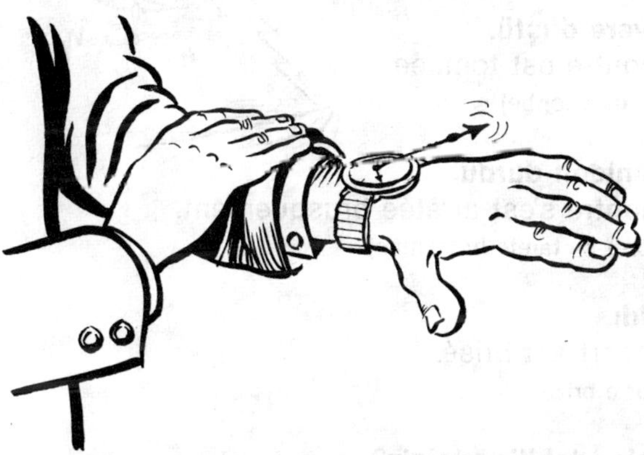

Saatim ileri gidiyor.
Ma montre avance.
[ma montr avans]

Saatim çalışmıyor.
Ma montre ne marche pas.
[ma montr nö marş pa]

Saatimi tamir ettirmek istiyorum.
Je désire donner ma montre à réparer.
[jö dezir done ma montr a repare]

Saatim geri kalıyor.
Ma montre retarde.
[ma montr rötard]

Saatim bozuk.
Ma montre est abîmée.
[ma montr e tabime]

Saatim yere düştü.
Ma montre est tombée.
[ma montr e tonbe]

Saatim aniden durdu.
Ma montre s'est arrêtée brusquement.
[ma montr sa tarete brüskman]

Yayı kırıldı.
Le ressort est brisé.
[lö rösor e brize]

Onu tamir edebilir misiniz?
Pouvez-vous la réparer?
[puve vu la repare]

Ne zamana hazır olur?
Quand sera-t-elle prête?
[kan söra tel pret]

Fiyatı ne kadar olacak?
Combien cela me coûtera-t-il?
[konbyen söla mö kutra til]

SÖZCÜKLER

saat	montre [montr]
duvar saati	horloge [orloj]
kol saati	montre-bracelet [montr brasle]
cep saati	montre de poche [montr dö poş]
çalar saat	réveille-matin [revey maten]
saatçı	horloger [orloje]
yay, zemberek	ressort [rösor]
cam	verre [ver]; vitre [vitr]
gösterge, ibre	cadran [kadran]; aiguille [egüiy]
akrep	petite aiguille [pötit egüiy]
yelkovan	grande aiguille [grand egüiy]
kurmak (saat)	remonter [römonte]
temizlemek	nettoyer [netuaye]
sarkaç	pendule [pandül]

FOTOĞRAFÇIDA

Resmimi çektirmek istiyorum.
Je désire me faire photographier.
[jö dezir mö fer fotografye]

Vesikalık resim çektirmek istiyorum.
Je désire me faire tirer des photos d'identité.
[jö dezir mö fer tire de foto didantite]

Lütfen birkaç poz çekiniz.
Veuillez tirer plusieurs poses différentes.
[vöye tire plüzyör poz diferant]

Resimleri ne zaman alabilirim?
Quand pourrai-je avoir les photos?
[kan purej avuar le foto]

Oniki tane istiyorum.
J'en veux une douzaine.
[jan vö zün duzen]

Bu filmi lütfen banyo ediniz.
Je vous prie de développer cette pellicule.
[jö vu pri dö devlope set pelikül]

İki kopya istiyorum.
J'en désire deux exemplaires.
[jan dezir dö zegzanpler]

Her negatiften bir agrandisman istiyorum.
Je désire un agrandissement de chaque négatif.
[jö dezir ön agrandisman dö şak negatif]

Mat kâğıda ve 6×9 boyunda olsun.
Papier mat et format six neuf.
[papye mat e forma sis nöf]

Parlak ve 9×12 istiyorum.
Brillant et format neuf douze.
[briyan e forma nöf duz]

Filmi makineye koyar mısınız?
Pouvez-vous placer la pellicule dans l'appareil?
[puve vu plase la pelikül dan laparey]

Bu resmi büyüttürmek istiyorum.
Je désire faire agrandir cette photo.
[jö dezir fer agrandir set foto]

Bir fotoğraf makinesi satın almak istiyorum.
Je désire acheter un appareil-photos.
[jö dezir aşte ön naparey foto]

Siyah-beyaz bir negatif film satın almak istiyorum.
Je désire acheter une pellicule en noir et blanc.
[jö dezir aşte rün pelikül an nuar e blan]

Sizde dürbün bulunur mu?
Trouve-t-on chez vous des jumelles?
[truv ton şə vu de jümel]

Renkli bir slayt istiyorum.
Je désire une diapositive en couleur.
[jö dezir ün dyapozitiv an kulör]

Renkli bir süper sekizlik film istiyorum.
Je désire acheter un film super huit.
[jö dezir aşte ön film süper üit]

Bir flaş satın almak istiyorum.
Je désire acheter un flash.
[jö dezir aşte ön flaş]

SÖZCÜKLER

kopya, baskı	épreuve [epröv]
fotoğraf makinesi	appareil photographique [aparey fotografik]
teleobjektif	téléobjectif [teleobjektif]
enstantane	instantané [enstantane]
pozometre	posemètre [pozmetr]
deklanşör	déclencheur [deklanşör]
resim	photographie [fotografi]
vesikalık resim	photo d'identité [foto didantite]
diyafram	diaphragme [dyafragm]
büyütme	agrandissement [agrandisman]
objektif	objektif [objektif]
flaş	flash [flaş]
slayt, dia	diapositive [dyapozitiv]
film	pellicule [pelikül]
renkli film	pelicule en couleur [pelikül an kulör]
filtre	filtre [filtr]
gün ışığı	lumière naturelle [lümyer natürel]
mercek	lentille [lantiy]
resim çekmek	prendre une photo [prandr ün foto]
uzaklığı ayarlamak	régler la distance [regle la distans]

banyo ettirmek	développer [devlope]
fotoğraf çekmek	tirer un cliché [tire rö**n** klişe]
rötuş yapmak	faire une retouche [fer ün rötuş]; retoucher [rötuşe]
flu	flou [flu]
parlak	brillant [briya**n**]
mat	mat [mat]
dürbün	jumelles [jümel]
poz	pose [poz]
ayak	trépied [trepye]
çerçeve	cadre [kadr]

Sağlık ve Bakım

ECZANEDE

Bu yakınlarda bir eczane var mı?
Y a-t-il une pharmacie dans les parages?
[yatil ün farmasi dan le paraj]

Bana bu reçeteyi yapar mısınız?
Pouvez-vous m'exécuter cette ordonnance?
[puve vu megzeküte set ordonans]

Ne zaman biter?
Quand sera-t-elle prête?
[kan söra tel pret]

Bekleyebilir miyim?
Puis-je attendre?
[püij atandr]

Sonra yine gelirim.
Je reviendrai plus tard.
[jö rövyondre plü tar]

Bir öksürük ilacı istiyorum.
Je désire un remède contre la toux.
[jö dezir ön römed kontr la tu]

Bana soğuk algınlığına karşı birşey verebilir misiniz?
Pouvez-vous me donner quelque chose contre un refroidissement?
[puve vu mö done kelkşoz kontr ön röfruadisman]

Bu akşam hangi eczane nöbetçidir?
Quelle pharmacie est de garde ce soir?
[kel farmasi e dö gard sö suar]

Bana iki litre balıkyağı veriniz.
Donnez-moi deux litres d'huile de foie de morue.
[done mua dö litr düil dö fua dö morü]

100 gram hintyağı istiyorum.
Je désire cent grammes d'huile de ricin.
[jö dezir san gram düil dö risen]

Bu ilacı reçetesiz alabilir miyim?
Puis-je acheter ce remède sans ordonnance?
[püij aşte sö römed san zordonans]

Fiyatı nedir?
Combien cela coûte-t-il?
[konbyen söla kut til]

Lütfen bana reçetenizi veriniz.
Donnez-moi votre ordonnance, je vous prie.
[done mua votr ordonans jö vu pri]

Bana iki kutu aspirin veriniz.
Donnez-moi deux tubes d'aspirine.
[done mua dö tüb daspirin]

Küçük bir şişe tendürdiyot, lütfen.
Une petite bouteille (ou un flacon) de teinture d'iode, s'il vous plaît.
[ün ptit butey (u ön flakon) dö tentür diyod silvuple]

Bunu reçetesiz veremiyeceğim.
Je ne puis vous délivrer cela sans ordonnance.
[jö nö püi vu delivre söla san zordonans]

Araç tutmaması için bir ilaç istiyorum.
Je désire un produit contre le mal des voyages.
[jö dezir ön prodüi kontr lö mal de vuayaj]

Bana diş ağrısı için bir şey verebilir misiniz?
Pouvez-vous me prescrire quelque chose contre les fluxions dentaires?
[puve vu mö preskrir kelkşoz kontr le flüksyon danter]

Bir rulo plaster istiyorum.
Je désirerais un rouleau de ruban adhésif.
[jö deziröre ön rulo dö rüban adezif]

Bu akşam hangi eczane nöbetçidir?
Ce soir, quelle pharmacie est de garde?
[sö suar kel farmasi e dö gard]

Bana iyi bir doktor tavsiye edebilir misiniz?
Pouvez-vous me recommander un bon docteur?
[puve vu mö rökomande rön bon doktör]

Bu ilacı üç kere mi alacağım?
Dois-je avaler cette drogue trois fois par jour?
[duaj avale set drog trua fua par jur]

SÖZCÜKLER

eczane	pharmacie [farmasi]
eczacı	pharmacien [farmasyen]
reçete	ordonnance [ordonans]
ilaç	médicament [medikaman]
müshil	laxatif [laksatif]
müsekkin	tranquillisant [trankilizan]
dezenfektan	désinfectant [dezenfektan]
öksürük ilacı	expectorant [ekspektoran]
kuvvet şurubu	fortifiant [fortifyan]; tonique [tonik]
uyku ilacı	somnifère [somnifer]; soporifique [soporifik]
antiseptik	antiseptique [antiseptik]
amonyaklı su	ammoniaque [amonyak]
eter	éther [eter]
göz banyosu ilacı	lotion pour les yeux [losyon pur le zyö]
kantaşı	crayon hémostatique [kreyon emostatik]
gargara ilacı	gargarisme [gargarism]
ağrı dindirici ilaç	analgésique [analjezik]
oksijenli su	eau oxygénée [o oksijene]
kıl döktüren ilaç	dépilatoire [depilatuar]
leke ilacı	détachant [detaşan]
nasır ilacı	corricide [korisid]
yanık merhemi	pommade contre les brûlures [pomad kontr le brülür]

ishal, amel	diarrhée [dyare]
soğuk algınlığı	refroidissement [röfruadisman]
ateş	fièvre [fiyevr]
boğaz ağrısı	mal de gorge [mal dö gorj]
öksürük	toux [tu]
böcek sokması	piqûre d'insecte [pikür densekt]
romatizma	rhumatismes [rümatism]
güneş çarpması	coup de soleil [ku dö soley]
karın ağrısı	maux de ventre [mo dö vantr]
baş ağrısı	maux de tête [mo dö tet]
aspirin	aspirine [aspirin]
damla	goutte [gut]
hap	pilule [pilül]
kinin	quinine [kinin]
sargı	bande [band]
âdet bezi	servlette hygiénique [servyet ijyenik]
zehir	poison [puazon]
panzehir	contre-poison [kontr puazon]
gliserin	glycérine [gliserin]
tendürdiyot	teinture d'iode [tentürdyod]
ambalaj	conditionnement [kondisyonman]; emballage [anbalaj]
plaster	ruban adhésif [rüban adezif]
pudra	poudre [pudr]

merhem	crème [krem]; pommade [pomad]
kolonya	Eau de Cologne [o dö kolony]
vazelin	vaseline [vazlin]
kompres	compresse [konpres]
tablet	tablette [tablet]
tuz ruhu	esprit-de-sel [espri dö sel]
karbonat	bicarbonate de soude [bikarbonat dö sud]
cilt kremi	crème cutanée [krem kütane]
diş macunu	pâte dentifrice [pat dantifris]
diş fırçası	brosse à dents [bros a dan]
pamuk	coton hydrophile [koton idrofil]
jilet	lame de rasoir [lam dö razuar]
tarak	peigne [peny]
saç fırçası	brosse à cheveux [bros a şövö]
saç losyonu	lotion capillaire [losyon kapiler]
tuvalet kâğıdı	papier hygiénique [papye ijyenik]
tırnak makası	ciseaux à ongles [sizo za ongl]
törpü	lime à ongles [lim a ongl]
traş sabunu	savon à barbe [savon a barb]

ustura	rasoir [razuar]; sabre [sabr]
termometre	thermomètre [termometr]
dudak merhemi	pommade pour les lèvres [pomad pur le levr]

Bir doktora görünmeliyim.
Je dois me faire examiner par un docteur.
[jö dua mö fer egzamine par ö**n** doktör]

Kendimi hiç iyi hissetmiyorum.
Je ne me sens pas bien du tout.
[jön mö sa**n** pa bye**n** dü tu]

Bana iyi bir hekim önerir misiniz?
Pouvez-vous me conseiller un bon médecin?
[puve vu mö ko**n**seye ö**n** bo**n** medse**n**]

Nerede oturur?
Où habite-t-il?
[u abit til]

Muayene saatleri ne zaman?
Quelles sont les heures de consultation?
[kel so**n** le zör dö konsültasyo**n**]

Kendimi pek halsiz hissediyorum.
Je me sens plutôt faible.
[jöm sa**n** plüto febl]

Bugün hiç te iyi değilim.
Ça ne va pas bien du tout aujourd'hui.
[san va pa bye**n** dü tu ojurdüi]

Doktor burada mı?
Le docteur est-il chez lui?
[lö doktör etil şe lüi]

Onunla görüşmem gerek.
Je dois lui parler.
[jö dua lüi parle]

Çok bekleyecek miyim?
Dois-je attendre longtemps?
[duaj atandr lontan]

İçeride çok kimse var mı?
Y a-t-il beaucoup de monde à l'intérieur?
[yatil boku dö mond a lenteryör]

O kadar zaman bekleyemem.
Je ne puis attendre autant de temps.
[jö nö püi zatandr otan dö tan]

En iyisi yarın yine gelirim.
Le mieux pour moi est de revenir demain.
[lö myö pur mua e dö rövnir dömen]

Merhaba, Doktor Bey!
Grand bonjour, docteur!
[gran bonjur doktör]

Birkaç gündür kendimi iyi hissetmiyorum.
Il y a quelques jours que je ne me sens pas bien.
[ilya kelk jur kö jön mö san pa byen]

Üşüttüm.
J'ai pris froid.
[je pri frua]

Boğazım ağrıyor.
J'ai mal à la gorge.
[je mal a la gorj]

Ne hissediyorsunuz?
Que ressentez-vous?
[kö rösante vu]

Acıyor mu?
Est-ce que ça fait mal?
[eskö sa fe mal]

Nerede acı hissediyorsunuz?
Où avez-vous mal?
[u ave vu mal]

Bir kaza geçirdim.
J'ai été victime d'un accident.
[je ete viktim dön naksidan]

Kırılmış mı?
Y a-t-il fracture?
[yatil fraktür]

Hastaneye gitmek gerekli mi?
Faut-il se rendre à l'hôpital?
[fotil sö randr a lopital]

Bir ay sonra tekrar gelin
Revenez dans un mois.
[rövne dan zön mua]

Yakında iyileşeceksiniz.
Vous irez bien sous peu.
[vu zire byen supö]

Bugün daha iyiyim, teşekkür ederim.
Ça va mieux aujourd'hui, merci.
[sa va myö zojurdüi, mersi]

Üç gündür hiç bir şey yemedim.
Je n'ai rien pris depuis trois jours
[jö ne ryen pri döpüi trua jur]

Neleri yiyebilirim?
Que puis-je absorber?
[kö püij apsorbe]

Birkaç gün evde dinleneyim mi?
Dois-je me reposer quelques jours chez moi?
[duaj mö röpoze kelk jur şe mua]

İstirahate ihtiyacınız var.
Vous avez besoin de repos.
[vu zave bözuen dö röpo]

Birkaç gün için evde istirahat etmelisiniz.
Vous devez vous reposer quelques jours chez vous.
[vu döve vu röpoze kelk jur şe vu]

Bu ilacı günde üç kere almalısınız.
Vous devez absorber ce remède trois fois par jour.
[vu döve zapsorbe sö römed trua fua par jur]

Günde on sigaradan fazla içmemelisiniz.
Vous ne devez pas fumer plus de dix cigarettes par jour.
[vu nö döve pa füme plü dö di sigaret par jur]

Şuramda bir ağrı var.
J'ai mal ici.
[je mal isi]

Geçen gün sağ yanımda bir ağrı belirdi.
L'autre jour, j'ai éprouvé une douleur au côté droit.
[lotr jur je epruve ün dulör o kote drua]

Ateşim var.
J'ai de la fièvre.
[je dö la fiyevr]

Midem bozuldu.
J'ai l'estomac dérangé.
[je lestoma deranje]

Sırtım ağrıyor.
J'ai mal dans le dos.
[je mal dan lö do]

Uykusuzluktan şikâyetçiyim.
Je souffre d'insomnies.
[jö sufr densomni]

Hazımsızlık var bende.
J'ai des indigestions.
[je de zendijestyon]

Sıcağa dayanamıyorum.
Je ne supporte pas la chaleur.
[jö nö süport pa la şalör]

Şiddetli bir nezleye tutuldum.
J'ai un fort rhume.
[je ön for rüm]

Nefes darlığım var.
Je souffre d'asthme.
[jö sufr dasm]

Öksürüyorum.
Je tousse.
[jö tus]

Başım (midem, karnım .....) ağrıyor.
J'ai mal à la tête (à l'estomac, au ventre ....)
[je mal a la tet (a lestoma, o vantr ...)]

Bacağımı (kolumu, boynumu .....) oynatamıyorum.
Je ne puis remuer les jambes (le bras, le cou ...)
[jön püi römüe le janb (lö bra, lö ku ....)]

Düştüm ve kolumda bir çıkık var.
Je suis tombé(e) et j'ai une luxation au bras.
[jö süi tonbe e je ün lüksasyon o bra]

Bacağım kırıldı.
Je me suis cassé la jambe.
[jöm süi kase la janb]

Ayağım burkuldu.
Je me suis tordu le pied; je me suis foulé le pied.
[jöm süi tordü lö pye jöm süi fule lö pye]

Korkarım bir kırık var.
Je crains une fracture.
[jö kren zün fraktür]

İştahım yok.
Je n'ai point d'appétit.
[jö ne puen dapeti]

Çok çabuk terliyorum.
Je transpire très facilement.
[jö transpir tre fasilman]

Sık sık baş dönmesi geliyor.
Je suis souvent pris de vertiges.
[jö süi suvan pri dö vertij]

Perhiz yapmam gerekir mi?
Dois-je suivre un régime?
[duaj süivr ön rejim]

Bu ilaçtan günde kaç kere alayım?
Combien de fois par jour dois-je prendre ce remède?
[konbyen dö fua par jur duaj prandr sö römed]

Sigara içebilir miyim?
Puis-je fumer?
[püij füme]

Çok teşekkür ederim, Doktor Bey. Borcum ne kadar?
Mille mercis, docteur. Combien vous dois-je?
[mil mersi doktör konbyen vu duaj]

SÖZCÜKLER

hastalık	maladie [maladi]
keyifsizlik	manque d'entrain [mank dantren]; indisposition [endispozisyon]
kadın doktoru	gynécologue [jinekolog]
kulak doktoru	oto-rhyno-laryngologiste [otorinolarengolojist]
operatör	chirurgien [şirürjyen]
tedavi	traitement [tretman]
tedavi etmek	soigner [suanye]
muayene etmek	ausculter [oskülte]
perhiz	diète [dyet]
kusmak	vomir [vomir]
bayılmak	s'évanouir [sevanuir]
iştah	appétit [apeti]
acı çekmek	souffrir [sufrir]
öksürmek	tousser [tuse]
aksırmak	éternuer [eternüe]
ameliyat etmek	opérer [opere]
ağrı, sancı	douleur [dulör]
ağrımak, acımak	faire mal [fer mal]
tükürmek	cracher [kraşe]
terlemek	transpirer [transpire]
ağlamak	pleurer [plöre]
yara	plaie [ple]
hazmetmek, sindirmek	digérer [dijere]
hazım, sindirim	digestion [dijestyon]

çiğnemek	écraser [ekraze]; mâcher [maşe]
zayıf	faible [febl]
şişman	obèse [obez]
omuz	épaule [epol]
dil	langue [lang]
damar	veine [ven]
küçük dil	luette [lüet]
kol	bras [bra]
bacak	jambe [janb]
ayak	pied [pye]
el	main [men]
parmak	doigt [dua]
tırnak	ongle [ongl]
ayak parmağı	orteil [ortey]
baş, kafa	tête [tet]
göz	œil [öy]
kaş	sourcil [sursi]
kirpik	cil [sil]
burun	nez [ne]
burun deliği	narine [narin]
yanak	joue [ju]
ağız	bouche [buş]
dudak	lèvre [levr]
diş	dent [dan]
boyun	cou [ku]
şakak	tempe [tanp]
alın	front [fron]
kafatası	crâne [kran]
kulak memesi	lobe de l'oreille [lob dö lorey]

gırtlak	gosier [gozye]; larynx [larenks]
saç	cheveu [şövö]
boğaz	gorge [gorj]
üst çene	mâchoire supérieure [maşuar süperyör]
alt çene	mâchoire inférieure [maşuar enferyör]
damak	palais [pale]
göz kapağı	paupière [popyer]
karın	ventre [vantr]
baldır	jarret [jare]; mollet [mole]
kör barsak	appendice [apandis]
kulak zarı	tympan [tenpan]
kan dolaşımı	circulation sanguine [sirkülasyon sangin]
sırt	dos [do]
erkeklik organı	pénis [penis]
erbezi	testicule [testikül]
kadın üreme organı	vagin [vajen]
dış dudaklar	grandes lèvres [grand levr]
dölyatağı	matrice [matris]; utérus [üterüs]
kan	sang [san]
kaburga	côte [kot]
göğüs	poitrine [puatrin]
meme	sein [sen]
meme başı	mamelon [mamlon]
barsak	intestin [entesten]
sinir	nerf [ner]
böbrek	rein [ren]
dalak	rate [rat]
mide	estomac [estoma]

karaciğer	foie [fua]
akciğer	poumon [pumon]
göbek	nombril [nonbri]
ense	nuque [nük]
baş parmak	pouce [pus]
işaret parmağı	index [endeks]
safra	bile [bil]
beyin	cerveau [servo]
eklem	jointure [juentür]
kas, adale	muscle [müskl]
diz	genou [jönu]
dizkapağı	rotule [rotül]
kalça	hanche [anş]
yürek, kalp	œur [kör]
yüz	visage [vizaj]
bez	ganglion [ganglyon]
gudde	glande [gland]
bademcik	amygdale [amigdal]
topuk	talon [talon]
kemik	os [os]
yumurtalık	ovaire [over]
safra kesesi	vésicule biliaire [vezikül bilyer]
rahim	utérus [üterüs]; matrice [matris]
nabız	pouls [pu]
dirsek	coude [kud]
apse	abcès [apse]
nöbet, buhran	crise [kriz]; attaque [atak]
astım	asthme [asm]
şiş	enflure [anflür]
şişkinlik	grosseur [grosör]

yara izi	cicatrice [sikatris]
irin, cerahat	pus [pü]
tifo	typhoïde [tifoid]
çiçek	variole [varyol]
zatülcenp	pleurésie [plörezi]
zatürree	pneumonie [pnömoni]
uyuz	gale [gal]
verem	tuberculose [tüberküloz]
sıtma	paludisme [palüdism]
sinir hastalığı	maladie nerveuse [maladi nervöz]
sarılık	jaunisse [jonis]
sara	épilepsie [epilepsi]
romatizma	rhumatismes [rümatism]
kabızlık	constipation [konstipasyon]
öksürük	toux [tu]
nezle	rhume [rüm]
nasır	cor [kor]
lumbago	lumbago [lonbago]
kuduz	rage [raj]
çarpıntı	palpitation [palpitasyon]
kramp	crampe [kranp]
kızamık	rougeole [rujol]
kızıl	scarlatine [skarlatin]
ishal, amel	diarrhée [dyare]
apandisit	appendicite [apandisit]
baş dönmesi	vertige [vertij]
boğmaca	coqueluche [koklüş]
inme	hémorragie cérébrale [emoraji serebral]; attaque [atak]

migren	migraine [migren]
kabakulak	oreillons [oreyon]
kanser	cancer [kanser]
grip	grippe [grip]
difteri	diphtérie [difteri]
kan çıbanı	furoncle [füronkl]
bronşit	bronchite [bronşit]
tansiyon	tension [tansyon]
kan zehirlenmesi	intoxication du sang [entoksikasyon dü san]
bulantı	nausée [noze]
doğum	accouchement [akuşman]
doğum kontrolü, aile plânlaması	contrôle des naissances [kontrol de nesans]
gebeliği önleme	contraception [kontrasepsyon]
tümör, ur	tumeur [tümör]
sağlık	santé [sante]
basur	hémorroïdes [emoroid]
ses kısıklığı	extinction de voix [ekstenksyon dö vua]
böcek sokması	piqûre d'insecte [pikür densekt]
kaşıntı	démangeaisons [demanjezon]
baş ağrısı	maux de tête [mo dö tet]
karın ağrısı	maux de ventre [mo dö vantr]
boğaz ağrısı	maux de gorge [mo dö gorj]
mide ağrısı	maux d'estomac [mo destoma]

sırt ağrısı	maux de dos [mo dö do]
kulak ağrısı	maux d'oreille [mo dorey]
uykusuzluk	insomnie [e**n**somni]
kriz	crise [kriz]
felç	paralysie [paralizi]
mide kanaması	hémorragie d'estomac [emoraji destoma]
nevralji	névralgie [nevralji]
aksırık	éternuement [eternüma**n**]
ameliyat	opération [operasyo**n**]
sivilce	bouton [buto**n**]
keyifsizlik, rahatsızlık	indisposition [e**n**dispozisyo**n**]
deniz tutması	mal de mer [mal dö mer]
halsizlik	faiblesse [febles]
zehirlenme	empoisonnement [a**n**puazonma**n**]
kansızlık	anémie [anemi]
şeker hastalığı	diabète [dyabet]
yaralanma	blessure [blesür]
kaza	accident [aksida**n**]
güneş çarpması	coup de soleil [ku dö soley]
baygınlık	évanouissement [evanuisma**n**]
burun kanaması	hémorragie nasale [emoraji nazal]
bulaşıcı hastalık	maladie contagieuse [maladi ko**n**tajyöz]
ciddi hastalık	maladie grave [maladi grav]; maladie sérieuse [maladi seryöz]

tehlikeli hastalık	maladie dangereuse [maladi danjröz]
iç hastalık	maladie interne [maladi entern]
hafif hastalık	maladie bénigne [maladi beniny]
ağır hastalık	maladie grave [maladi grav]
kan kaybı	pertes [pert]; hémorragie sanguine [emoraji sangin]

DİŞÇİDE

Nerede iyi bir dişçi bulunur?
Où puis-je trouver un bon dentiste?
[u püij truve rön bon dantist]

Dişim ağrıyor.
J'ai mal aux dents.
[je mal o dan]

İyi bir dişçi tanıyor musunuz?
Connaissez-vous un bon dentiste?
[konese vu zön bon dantist]

Lütfen dişlerime bir bakar mısınız?
Je vous prie d'examiner mes dents.
[lö vu pri degzamine me dan]

Soğuk bir şey içince şu dişim ağrıyor.
Quand je prends quelque chose de froid, cette dent me fait mal.
[kan jö pran kelkşoz dö frua set dan mö fe mal]

Sıcak yemekler diş ağrısı yapıyor.
Les aliments chauds me donnent mal aux dents.
[le zaliman şo mö don mal o dan]

Bu tarafımla hiç çiğneyemez oldum.
Je ne puis plus rien mâcher de ce côté.
[jö nö püi plü ryen maşe dö sö kote]

Bu dişte bir çürük var.
Il y a une carie dans cette dent.
[ilya ün kari dan set dan]

Dişlerimden biri oyuk.
J'ai la dent creuse.
[je la dan kröz]

Dişimi doldurtmak istiyorum.
Je désire me faire plomber la dent.
[jö dezir mö fer plonbe la dan]

Bir diş taktırmak istiyorum.
Je désire me faire poser une dent.
[jö dezir mö fer poze ün dan]

Dolgu altın (porselen ......) olsun.
Je désire que le plombage soit en or (en porcelaine ......).
[jö dezir kö lö plonbaj sua tan or (tan porslen)]

Bir köprü yapınız.
Faites-moi un bridge.
[fet mua ön bric]

Dolgu düştü.
Le plombage est tombé.
[lö plonbaj e tonbe]

Diş etimin şurası şişti.
Ma gencive s'est enflée ici.
[ma jansiv se tanfle isi]

Bu dişleri çektirmek gerekir mi?
Est-il bien nécessaire d'extraire ces dents?
[etil byen neseser dekstrer se dan]

Sizce bu dişi çekmeli mi?
Selon vous, faut-il arracher cette dent?
[sölon vu fotil araşe set dan]

Siniri öldürecek misiniz?
Allez-vous tuer le nerf?
[ale vu tüe lö ner]

Bir altın kaplamanın fiyatı nedir?
Quel est le prix d'un revêtement d'or? (couronne).
[kel e lö pri dön rövetman dor (kuron)]

Bir daha ne zaman geleyim?
Quand dois-je revenir?
[kan duaj rövnir]

Onu şimdi doldurabilir misiniz?
Pouvez-vous la plomber de suite?
[puve vu la plonbe dö süit]

SÖZCÜKLER

dişçi, diş hekimi	dentiste [dantist]
diş	dent [dan]
kaplama	revêtement [rövetman]; couronne [kuron]
altın kaplama	revêtement d'or [rövetman dor]
ön diş	dent antérieure [dan anteryör]
arka diş	dent postérieure [dan posteryör]
alt diş	dent inférieure [dan enferyör]
üst diş	dent supérieure [dan süperyör]
kesici diş	incisive [ensiziv]
köpek dişi	canine [kanin]
azı dişi	molaire [moler]
köprü	bridge [bric]
çürük, oyuk	carie [kari]
oyuk	creux [krö]
dolgu	plombage [plonbaj]
doldurmak (diş)	plomber [plonbe]
diş ağrısı	maux de dents [mo dö dan]
takma dişler	fausses dents [fos dan]; râtelier [ratölye]; dentier [dantye]

diş kökü	racine dentaire [rasin danter]
takma diş	prothèse dentaire [protez danter]
akıl (yirmi yaş) dişi	dent de sagesse [dan dö şajes]

ERKEK BERBERİNDE

Bu yakınlarda nerede iyi bir berber var?
Où y a-t-il un bon coiffeur dans le coin?
[u yatil ön bon kuaför dan lö kuen]

Acelem var.
Je suis pressé(e).
[jö süi prese]

Çok bekleyecek miyim?
Dois-je longtemps attendre?
[duaj lontan zatandr]

Sıram gelene dek ne kadar bekleyeceğim?
Combien de temps dois-je attendre jusqu'à ce que mon tour vienne?
[konbyen dö tan duaj atandr jüska sö kö mon tur vyen]

Sakal tıraşı, lütfen.
La barbe, je vous prie.
[la barb jö vu pri]

Sakalımı traş edin ve saçımı kesin.
Rasez-moi la barbe et coupez-moi les cheveux.
[raze mua la barb e kupe mua le şövö]

Saçımı kesin, lütfen.
Coupez-moi les cheveux, s'il vous plaît.
[kupe mua le şövö silvuple]

Sakal tıraşı da lütfen.
La barbe également, je vous prie.
[la barb egalman jö vu pri]

Lütfen sinekkaydı olsun.
Rasez-moi de très près, je vous prie.
[raze mua dö tre pre jö vu pri]

Biraz kolanya, lütfen.
Un peu d'Eau de Cologne, je vous prie.
[ön pö do dö kolony jö vu pri]

Bıyıktan biraz alınız.
Taillez-moi un peu la moustache.
[taye mua ön pö la mustaş]

Arka ve yanlar gayet kısa olsun.
Bien court sur l'arrière et les côtés.
[byen kur sür laryer e le kote]

Yanlar uzun olsun.
Les côtés longs, je vous prie.
[le kote lon jö vu pri]

Ön taraf çok kısa olmasın.
Pas trop court sur le devant.
[pa tro kur sür lö dövan]

Çok fazla kısaltmayın, lütfen.
Pas trop court, je vous prie.
[pa tro kur jö vu pri]

Bu kadar yeter.
Ça suffit.
[sa süfi]

Şimdi oldu.
Ça va, à présent.
[sa va a prezan]

Lütfen saçımı yıkayınız.
Faites-moi un shampooing, je vous prie.
[fet mua ön şanpuen jö vu pri]

Saçlarımın yıkanmasını da istiyorum.
Je désire également avoir les cheveux lavés.
[jö dezir egalman tavuar le şövö lave]

Lütfen ortadan ayırınız.
Faites la raie au milieu, je vous prie.
[fet la re o milyö jö vu pri]

Saçlarıma hiçbir şey sürmeyiniz.
Ne me mettez rien sur les cheveux.
[nö mö mete ryen sür le şövö]

Sağdan (soldan) ayırınız.
Faites la raie à droite (à gauche).
[fet la re a druat (a goş)]

Borcum ne kadar?
Combien vous dois-je?
[konbyen vu duaj]

SÖZCÜKLER

saç	cheveu [şövö]
sakal	barbe [barb]
bıyık	moustache [mustaş]
kesmek	couper [kupe]
taramak	peigner [penye]
kısaltmak	raccourcir [rakursir]
tarak	peigne [peny]
bahşiş	pourboire [purbuar]
kıl	poil [pual]
kolonya	Eau de Cologne [o dö kolony]
briyantin	brillantine [briyantin]

KADIN BERBERİNDE

Acelem var.
Je suis pressé(e).
[jö süi prese]

Çok bekleyecek miyim?
Dois-je longtemps attendre?
[duaj lontan zatandr]

Sıram gelinceye dek ne kadar bekleyeceğim?
Combien de temps dois-je attendre que mon tour arrive.
[konbyen dö tan duaj atandr kö mon tur ariv]

Saç yıkama, lütfen.
Shampooing, s'il vous plaît.
[şanpuen silvuple]

Yıkama ve tuvalet, lütfen.
Lavage et coiffure, je vous prie.
[lavaj e kuafür jö vu pri]

Yumurtalı şanpuan (limonlu şanpuan ....) kullanınız.
Utilisez du shampooing aux œufs (au citron .....).
[ütilize dü şanpuen o zö (o sitron)]

Soğuk permanant rica ediyorum.
Une perma à froid, je vous prie.
[ün perma a frua jö vu pri]

Lütfen saçlarımın arkalarından biraz alınız.
Je vous prie, coupez-moi un peu les cheveux sur l'arrière.
[jö vu pri kupe mua ön pö le şövö sür laryer]

Saçlarımı siyaha (kumrala .....) boyatmak istiyorum.
Je désire teindre mes cheveux en noir (en châtain).
[jö dezir tendr me şövö zan nuar (zan şaten)]

Bu çok açık (koyu).
C'est trop clair (foncé).
[se tro kler (fonse)]

Kurutma makinesi çok sıcak.
Le séchoir est trop chaud.
[lö seşuar e tro şo]

Manikür (pedikür) lütfen.
Manucure (pédicure), je vous prie.
[manükür (pedikür) jö vu pri]

Yalnızca cilâ sürün, lütfen. Oje sürmeyin.
Ne mettez que de la laque, je vous prie. Pas de vernis à ongles.
[nö mete kö dö la lak, jö vu pri, pa dö verni a ongl]

Renksiz cila, lütfen.
De la laque incolore, je vous prie.
[dö la lak enkolor jö vu pri]

Lütfen ortadan (sağdan, soldan) ayırınız.
Faites la raie au milieu (à droite, à gauche), je vous prie.
[fet lare o milyö (a druat, a goş) jö vu pri]

Topuz biraz derin olsun (fazla derin olmasın).
Faites le chignon un peu profond (pas trop profond).
[fet lö şinyon ön pö profon (pa tro profon)]

Kaşları biraz geriye çekiniz.
Tirez un peu les sourcils vers l'arrière.
[tire zön pö le sursi ver laryer]

Kirpikleri karartınız.
Noircissez-moi les cils.
[nuarsise mua le sil]

Dalga yapınız (yapmayınız), lütfen.
Faites-moi des ondulations (ne me faites pas d'ondulations), je vous prie.
[fet mua de zondülasyon (nö me fet pa dondülasyon) jö vu pri]

SÖZCÜKLER

permanant	permanente [permanant]
dalga	ondulation [ondülasyon]
manikür	manucure [manükür]
pedikür	pédicure [pedikür]
bukle	boucle [bukl]
sarışın, sarı	blond, blonde [blon, blond]
kumral	châtain [şaten]
siyah	noir [nuar]
kısa	court [kur]
uzun	long [lon]
sivri	pointu [puentü]
yuvarlak	rond [ron]
ayna	miroir [miruar]
cep aynası	miroir de poche [miruar dö poş]
kaş kalemi	crayon à sourcils [kreyon a sursi]
pudra	poudre [pudr]
fırça	brosse [bros]
sabun	savon [savon]
tuvalet sabunu	savon de toillette [savon dö tualet]
makyaj	maquillage [makiyaj]
makyaj yapmak	se maquiller [sö makiye]
makas	ciseaux [sizo]
tırnak makası	ciseaux à ongles [sizo za ongl]

tırnak fırçası	brosse à ongles [bros a ongl]
saç fırçası	brosse à cheveux [bros a şövö]
saç tokası	boucle à cheveux [bukl a şövö]
saç losyonu	lotion capillaire [losyon kapiler]
saç, kıl	poil [pual]
kıl yokedici	dépilateur [depilatör]
tarak	peigne [peny]
taramak	se peigner [sö penye]
oje	vernis à ongles [verni za ongl]
ruj	rouge à lèvres [ruj a levr]
cila	laque [lak]
tırnak	ongle [ongl]
tırnak cilası	laque pour les ongles [lak pur le zongl]
tırnak törpüsü	lime à ongles [lim a ongl]
parfüm	parfum [parfön]
dudak boyamak	se mettre du rouge à lèvres [sö metr dü ruj a levr]
saç fırçalamak	se brosser les cheveux [sö brose le şövö]

Spor ve Eğlence

YÜZME

Burada plaj var mı?
Y a-t-il une plage par ici?
[yatil ün plaj par isi]

Buralarda nerede bir yüzme havuzu var?
Où y a-t-il une piscine dans le coin?
[u yatil ün pisin dan lö kuen]

Nerede yüzülebilir (banyo alınabilir, suya girilebilir)?
Où peut-on se baigner?
[u pöton sö benye]

Burada yüzülebilir (banyo alınabilir, suya girilebilir) mi?
Peut-on se baigner ici?
[pöton sö benye isi]

Su derin mi?
L'eau est-elle profonde?
[lo etel profond]

Soğuk (sıcak) mı?
Est-elle froide (chaude)?
[etel fruad (şod)]

Çocuklar için tehlikeli değil midir?
N'est-ce point dangereux pour les enfants?
[nes puen danjörö pur le zanfan]

Akıntı var mıdır?
Y a-t-il du courant?
[yatil dü kuran]

Bu otelin özel havuzu var mı?
Est-ce que cet hôtel possède une piscine particulière?
[eskö se totel posed ün pisin partikülyer]

Nereden bir mayo (havlu .....) satın alabilirim?
Où puis-je faire l'emplette d'un maillot (d'une serviette ......)?
[u püij fer lanplet dön mayo (dün servyet ......)]

Ne kadar açılabiliriz?
Jusqu'où peut-on s'éloigner?
[jusku pöton seluanye]

İmdat!
Au secours!
[o skur]

SÖZCÜKLER

banyo	bain [ben]
sıcak banyo	bain chaud [ben şo]
soğuk banyo	bain froid [ben frua]
buhar banyosu	bain de vapeur [ben dö vapör]
kadın mayosu	costume de bain [kostüm dö ben]
erkek mayosu	maillot pour homme [mayo pur om]
havlu	serviette [servyet]
bone	bonnet [bone]
yüzme yeri	station balnéaire [stasyon balneer]
bornoz	sortie de bain [sorti dö ben]
deniz	mer [mer]
güneş	soleil [soley]
güneş banyosu	bain de soleil [ben dö soley]
kum	sable [sabl]
çeşme	fontaine [fonten]
duş	douche [duş]
duş yapmak	prendre une douche [prandr ün duş]
banyo yapmak	prendre un bain [prandr ön ben]

yüzmek	nager [naje]
deniz mevsimi	saison balnéaire [sezon balneer]; la saison des bains [la sezon de ben]

DANS

Nerede dans edilebilir?
Où peut-on danser?
[u pöton danse]

Buralarda bir dans kulübü var mı?
Y a-t-il une salle de danse dans le coin?
[yatil ün sal dö dans dan lö kuen]

Burada nerede bir gece kulübü var? (diskotek)
Où y a-t-il une boîte de nuit dans les parages? (discothèque)
[u yatil ün buat dö nüi dan le paraj] [diskotek]

Akşam yemeğinden sonra dansa gider miyiz?
Si nous allions danser après dîner?
[si nu zalyon danse apre dine]

Dans etmek hoşuma gider.
J'aime danser.
[jem danse]

Dans edelim mi?
Si nous dansions?
[si nu dansyon]

Sizden bir dans rica edebilir miyim?
Puis-je vous demander de m'accorder une danse?
[püij vu dömande dö makorde rün dans]

Bu dansı bana lütfeder misiniz?
Me ferez-vous l'honneur de m'accorder cette danse?
[mö fere vu lonör dö makorde set dans]

Sizden bundan sonraki dansı rica edebilir miyim?
Puis-je vous demander de m'accorder la prochaine danse?
[püij vu dömande dö makorde la proşen dans]

Teşekkür ederim, dans etmiyorum.
Veuillez m'excuser, je ne danse pas.
[vöye meksküze jön dans pa]

Dans etmeyi sever misiniz?
Aimez-vous la danse?
[eme vu la dans]

Dans etmiyor musunuz?
Ne dansez-vous point?
[nö danse vu puen]

Sizinle dans etmek çok hoşuma gidiyor.
Danser avec vous me procure un vif plaisir.
[danse avek vu mö prokür ön vif plezir]

Çok iyi dans ediyorsunuz.
Vous dansez à merveille.
[vu danse za mervey]

Bir daha dans edelim mi?
Si nous dansions encore une fois?
[si nu dansyon zankor ün fua]

Özür dilerim.
Je vous demande pardon.
[jö vu dömand pardon]

Size bir sigara ikram edebilir miyim?
Puis-je me permettre de vous offrir une cigarette?
[puij mö permetr dö vu zofrir ün sigaret]

Bu güzel akşam için çok teşekkür ederim.
Merci mille fois de cette charmante soirée.
[mersi mil fua dö set şarmant suare]

Çok eğlendik.
Nous nous sommes bien amusés.
[nu nu som byen namüze]

Size evinize kadar eşlik edebilir miyim?
Puis-je vous raccompagner chez vous?
[püij vu rakonpanye şe vu]

lügatçe

A

abajur	l'abat-jour (le) [labajur]
abide, anıt	le monument [lö monüman]
acemi	le novice [lö novis]
acenta	l'agence (la) [lajans]
acı	amer [amer]
acı, sancı	la douleur [la dulör]
acı çekmek	souffrir [sufrir]
açık	ouvert [uver]
açık (renk, hava)	clair [kler]
açık mavi	bleu clair [blö kler]
açık yeşil	vert clair [ver kler]
açmak	ouvrir [uvrir]
ad	le nom [lö non]
adale, kas	le muscle [lö müskl]
adam	l'homme (le) [lom]
âdet	les règles [le regl]
âdet bezi	la serviette hygiénique [la servyet ijyenik]
Adliye binası	le Palais de Justice [lö pale de jüstis]
adres	l'adresse (la) [adres]
affetmek	pardonner [pardone]
ağaç	l'arbre (le) [larbr]
ağır	lourd [lur]
ağız	la bouche [la buş]
ağızlık	le fume-cigarette [lö füm sigaret]

ağlamak	pleurer [plöre]
agrandisman	l'agrandissement (le) [lagrandisman]
ağrı	la douleur [la dulör]
ağrı dindirici ilaç	l'analgésique (le) [lanaljezik]
ağrımak	faire mal [fer mal]
ağustos	août [u]
ahçı	le cuisinier [lö küizinye]
ahır	l'écurie (la) [leküri]
ak	blanc [blan]
akciğer	le poumon [lö pumon]
akıl dişi	la dent de sagesse [la dan dö sajes]
akraba	le parent [lö paran]
akrep (saat)	la petite aiguille [la ptit egüiy]
aks	l'axe (le) [laks]
aksırık	l'éternuement (le) [lenstrüman]
aksırmak	éternuer [eternüe]
akşam	le soir [lö suar]
akşama doğru	vers le soir [ver lö suar]
akşam geç vakit	tard dans la soirée [tar dan la suare]
akşamları	le soir [lö suar]
akşamleyin	le soir [lö suar]
akşam üstü	le soir [lö suar]
aktarma yapmak	changer [şanje]; transborder [transborde]
akümülatör, akü	l'accumulateur (le) [akümülatör]
al	rouge [ruj]
alan	la place [la plas]
alçak	bas [ba]
alet	l'instrument (le) [lenstrüman]
alın	le front [lö fron]
alış-veriş	les achats [le zaşa]
alış-veriş yapmak	faire les achats [fer le zaşa]
alkol	l'alcool (le) [alkol]
Allah	Dieu [dyö]
almak	prendre [prandr]; recevoir [rösvuar], acheter [aşte]

alt	inférieur [enferyör]
alt çene	la mâchoire inférieure [la maşuar enferyör]
alt diş	la dent du bas [la dan dü ba]
altı	six [sis]
altın	l'or (le) [lor]
altın kaplama	la couronne en or [la kuron an nor]
altmış	soixante [suasant]
ama	mais [me]
ambülans	l'ambulance (la) [lanbülans]
amca	l'oncle (le) [lonkl]
ameliyat	l'opération (la) [loperasyon]
ameliyat etmek	opérer [opere]
amonyaklı su	l'ammoniaque (la) [lamonyak]
amortisör	l'amortisseur (le) [lamortisör]
an	le moment [lö moman]
ana	la mère [la mer]
ana cadde	l'avenue principale (la) [lavnü prensipal]
ana giriş	l'entrée principale (la) [lantre prensipal]
anahtar	la clef [la kle]
anahtarcı	le serrurier [lö serürye]
anjin	l'angine (la) [lanjin]
anlamak	comprendre [konprandr]
anlatmak	raconter [rakonte]
anne	la mère [la mer]
antikacı	l'antiquaire (le) [lantiker]
antiseptik	l'antiseptique (le) [lantiseptik]
apandisit	l'appendicite (la) [lapandisit]
apse	l'abcès (le) [lapse]
araba	la voiture [la vuatür]
arabacı	le cocher [lö koşe]
arada bir	de temps à autre [dö tan za otr]
aralık (ay)	décembre [desanbr]

aramak	chercher [şerşe]
ara sıra	de temps en temps [dö tan zan tan]
arıza	la panne [la pan]
arka aks	l'axe arrière (le) [laks aryer]
arka çantası	le sac tyrolien [lö sak tirolyen]
arkadaş	ami (e) le (le), (la) [lami]
arka diş	la dent de derrière [la dan dö deryer]
arka kanepe	le siège arrière [lö syej aryer]
arka pencere	la fenêtre arrière [la fönetr aryer]
arka tekerlek	la roue arrière [la ru aryer]
arka tekerlek freni	le frein arrière [lö fren aryer]
arkeoloji müzesi	le Musée archéologique [lö müze arkeolojik]
armut	la poire [la puar]
arpa	l'orge (la) [lorj]
arzu	le désir [lö dezir]
arzu etmek	désirer [dezire]
asansör	l'ascenseur (le) [lasansör]
asfalt	l'asphalte (la) [lasfalt]
asker	le soldat [lö solda]
asla	jamais [jame]
asma yaprağı	la feuille de vigne [la föy dö viny]
asmak	suspendre [süspandr]
aspirin	l'aspirine (la) [laspirin]
astar	la doublure [la dublür]
astım	l'asthme (le) [lasm]
aşçı	le cuisinier [lö küizinye]
aşk	l'amour (le) [lamur]
ateş	le feu [lö fö]
ateş (hastalıkta)	la fièvre [la fyevr]
ateşleme	la mise à feu [la miz a fö]
atlı araba	la charrette [la şaret]; le coche [lö koş]
atmak	jeter [jöte]; lancer [lanse]

av la chasse [la şas]
avans l'avance (la) [lavans]
avcı le chasseur [lö şasör]
avcı elbisesi l'habit de chasse (le) [labi dö şas]
avize le lustre [lö lüstr]
avlu la cour [la kur]
Avrupa l'Europe (la) [lörop]
avukat l'avocat (le) [lavoka]
ay la lune [la lün]
ay (30 gün) le mois [lö mua]
ayak le pied [lö pye]
ayakkabı la chaussure [la şosür]
ayakkabı mağazası le magasin de chaussures [lö magazen dö şosür]
ayak parmağı l'orteil (le) [lortey]
ayarlamak régler [regle]
aylık mensuel [mansüel]
aylık (ücret) le salaire [lö saler]
ayna le miroir [lö miruar]
ayva le coing [lö kuen]
az peu [pö]
azı dişi la molaire [la moler]
az önce peu de temps auparavant [pö dö tan zoparavan]

B

baba le père [lö per]
baca la cheminée [la şömine]
bacak la jambe [la janb]

baca temizleyici	le ramoneur [lö ramonör]
badanacı	le badigeonneur [lö badijonör]
badem	l'amande (la) [lamand]
bademcik	l'amygdale (la) [lamigdal]
bagaj	les bagages [le bagaj]
bagaj fişi	la fiche de bagages [la fiş dö bagaj]
bagaj kabul yeri	la réception des bagages [la resepsyon de bagaj]
bagaj rafı	le filet à bagages [lö file a bagaj]
bagaj vagonu	le fourgon à bagages [lö furgon a bagaj]
bağ	la vigne [la viny]
bağırmak	crier [kriye]
bağlamak	attacher [ataşe]
bağlantı	le lien [lö lyen]
bahar	le printemps [lö prentan]
bahçe	le jardin [lö jarden]
bahçıvan	le jardinier [lö jardinye]
bahşiş	le pourboire [lö purbuar]
bakanlık	le ministère [lö minister]
bakır	le cuivre [lö küivr]
bakırcı	le graveur sur cuivre [lö gravör sür küivr]
bakkal	l'épicier (le) [lepisye]
bakla	la fève [la fev]
bakmak	regarder; soigner [rögarde; suanye]
bal	le miel [lö myel]
baldır	la cuisse [la küis]
balık	le poisson [lö puason]
balıkçı	le pêcheur [lö peşör]
balık çorbası	la bouillabaisse [la buyabes]
balık yağı	l'huile de foie de morue (la) [lüil dö fua dö morü]
balkon	le balcon [lö balkon]
balta	la hache [la aş]

banka	la banque [la bank]
bankacı	l'employé de banque (le) [lanpluaye dö bank]
banka hesabı	le compte en banque [lö kont an bank]
banyo	le bain [lö ben]
banyo yapmak	se baigner [sö benye]
banyo etmek (film)	développer [devlope]
barbunya balığı	le rouget-barbet [lö ruje barbe]
bardak	le verre à boire [lö ver a buar]
baskı	l'impression (la) [lenpresyon]; l'édition (la) [ledisyon]
basur	les hémorroïdes [le zemoroid]
baş	le tête [la tet]
baş ağrısı	le mal de tête [lö mal dö tet]
başbakan	le premier ministre [lö prömye ministr]
baş dönmesi	le vertige [lö vertij]
baş parmak	le pouce [lö pus]
batı	l'ouest (le) [luest]
bavul	la valise [la valiz]
bay	le monsieur [lö mösyö]
bayan	la dame [la dam]; madame [madam]
bayan elbisesi	la robe [la rob]
baygın	pâmé [pame]; évanoui [evanui]
baygınlık	l'évanouissement (le) [levanuisman]
bayılmak	s'évanouir [sevanuir]
baytar, veteriner	le vétérinaire [lö veteriner]
bazan	parfois [parfua]
bedava	gratis [gratis]
bekâr	le célibataire [lö selibater]
beklemek	attendre [atandr]
Belçika	la Belgique [la beljik]
belediye	la municipalité [la münisipalite]
belediye sarayı	l'hôtel-de-ville (le) [lotel dö vil]

belge	l'attestation (la) [latestasyon]
belki	peut-être [pötetr]
ben	moi, je [mua, jö]
benzin	l'essence (la) [lesans]
benzin almak	prendre de l'essence [prandr dö lesans] faire le plein [fer lö plen]
benzin deposu	le réservoir d'essence [lö rezervuar desans]
benzin istasyonu	la station d'essence [la stasyon desans]; le poste d'essence [lö post desans]
benzin tenekesi	le bidon d'essence [lö bidon desans]
beraber	ensemble [ansanbl]
berber	le coiffeur [lö kuaför]
besin	l'alimentation (la) [lalimantasyon]
beş	cinq [senk]
beş yüz	cinq cents [sen san]
beş yüz bin	cinq cent mille [sen san mil]
bey	le monsieur [lö mösyö]
beyaz	blanc [blan]
beyaz ekmek	le pain blanc [lö pen blan]
beygir gücü	le cheval-vapeur [lö şöval vapör]
beyin	le cerveau [lö servo]
beyin salatası	la cervelle en salade [la servel an salad]; la salade de cervelle [la salad dö servel]
bez	le chiffon [lö şifon]
bez, gudde	la glande [la gland]
bezelye	les petits pois [le pti pua]
bıçak	le couteau [lö kuto]
bıyık	la moustache [la mustaş]
biber	le poivre [lö puavr]
biblo	le bibelot [lö biblo]
bidon	le bidon [lö bidon]

biftek	le bifteck [lö biftek]
bikini	le bikini [lö bikini]
bilek	le poignet [lö puanye]
bilet	le billet [lö biye]
biletçi	le receveur [lö rösvör]
bileyici	le rémouleur [lö remulör]
biley taşı	la pierre à aiguiser [la pyer a egize]
bilezik	le bracelet [lö brasle]
bilmek	savoir [savuar]
bilmukabele	pareillement [pareyman]; réciproquement [resiprokman]
bin	mille [mil]
bina	la construction [la konstrüksyon]
bir	un, une [ön, ün]
bira	la bière [la byer]
birahane	la brasserie [la brasri]
bir ay önce	il y a un mois [ilya ön mua]
biraz	un peu [ön pö]
birazdan	peu de temps auparavant [pö dö tan zoparavan]
biraz önce, biraz sonra	tout à l'heure [tutalör]
bir çift	une paire [ün per]; un couple [ön kupl]
birden bire	tout à coup [tutaku]
bir hafta içinde	dans une semaine [dan zün sömen]
bir hafta önce	il y a une semaine [ilya ün sömen]
birkaç gün önce	il y a quelques jours [ilya kelk jur]
bir milyon	un million [ön milyon]
bir milyar	un milliard [ön milyar]
bir saat önce	il y a une heure [ilya ün ör]
bir saat sonra	dans une heure [dan zün ör]
bir yıl önce	il y a un an [ilya ön an]
bisiklet	la bicyclette [la bisiklet]
bisküit	le biscuit [lö bisküi]
bit	lo pou [lö pu]

bitki	la plante [la plant]
bitirmek	finir [finir]
biyel, piston kolu	la bielle [la byel]
bluz	la blouse [la bluz]
bobin	la bobine [la bobin]
bobin teli	le fil d'embobinage [lö fil danbobinaj]; le fil de bobinage [lö fil dö bobinaj]
boğaz	la gorge [la gorj]
boğaz ağrısı	le mal de gorge [lö mal dö gorj]
Boğaziçi	le Bosphone [lö bosfor]
boğmaca	la coqueluche [la koklüş]
boğulmak (suda)	se noyer [sö nuaye]
bone	le bonnet [lö bone]
bonfile	le filet de bœuf [lö file dö bö]
bonservis	le certificat de bons et loyaux services [lö sertifika dö bon ze luayo servis]; références [referans]
borç	la dette [la det]
borçlu	le débiteur [lö debitör]
bornoz	la sortie de bain [la sorti dö ben]
boru	le tuyau [lö tüiyo]
borsa	la bourse [la burs]
boş	libre [libr]
boşaltmak	vider [vide]
bot	le canot [lö kano]
boy	la taille [la tay]
boya	la peinture [la pentür]
boya fırçası	le pinceau [lö penso]
boyun	le cou [lö ku]
boyunbağı	la cravate [la kravat]
bozuk	hors d'usage [or düzaj]
bozuk para	la petite monnaie [la ptit mone]
böbrek	le rein [lö ren]
böcek	l'insecte (le) [lensekt]

böcek sokması	la piqûre d'insecte [la pikür densekt].
börek	la pâte feuilletée [la pat föyte]
briyantin	la brillantine [la briyantin]
bronşit	la bronchite [la bronşit]
broş, şiş	la brochette [la broşet]; la broche [la broş]
bu	ce [sö]
bu akşam	ce soir [sö suar]
bu arada	en attendant [an natandan]
bugün	aujourd'hui [ojurdüi]
bugüne kadar	jusqu'à présent [jüskaprezan]
bugün öğleden sonra	cet après-midi [set apre midi]
buğday	le blé [lö ble]
buğday ekmeği	le pain de blé [lö pen dö ble]
buhar	la vapeur [la vapör]
buhar banyosu	le bain de vapeur [lö ben dö vapör]
buji	la bougie [la buji]
bukle	la bouclette [la buklet]
bulantı	la nausée [la noze]
bulaşıcı hastalık	la maladie contagieuse [la maladi kontajyöz]
bulaşık teknesi, kurna	l'évier (le) [levye]
Bulgar	bulgare [bülgar]
Bulgaristan	la Bulgarie [la bülgari]
bulmak	trouver [truve]
bulut	le nuage [lö nüaj]
bundan böyle	désormais [dezorme]
bundan sonra	dorénavant [dorenavan]
burada	ici [Isi]
burgu	la vrille [la vriy]
burun	le nez [lö ne]
burun deliği	la narine [la narin]
burun kanaması	le saignement de nez [jö senyman dö ne]
bu sabah	ce matin [sö maten]

bu sırada	à ce moment'là [a sö moman la]
buz	la glace [la glas]
buz dolabı	le frigidaire [lö frijider]; le réfrigérateur [lö refrijeratör]
büfe	le buffet [lö büfe]
büro	le bureau [lö büro]
bütün gece	toute la nuit [tut la nüi]
bütün gün	toute la journée [tut la jurne]
büyük	grand, grande [gran, grand]
büyük mağaza	le grand magasin [lö gran magazen]; le supermarket [lö süpermarket]; le supermarché [lö süpermarşe]
büyük cadde	la grande avenue [la grand avnü]
büyütme	le grossissement [lögrossisman]; l'agrandissement (le) [lagrandisman]

C

cadde	l'avenue (la) [lavnü]
cam	le verre [lö ver]; la vitre [la vitr]
câmi	la mosquée [la moske]
camcı	le vitrier [lö vitriye]
cam sileceği	l'essuie-glace (le) [losüi glas]
cankurtaran	l'ambulance (la) [lanbülans]
ceket	la jaquette [la jaket]; la veste [la vest]; le veston [lö veston]
cep	la poche [la poş]
cep aynası	le miroir de poche [lö miruar dö poş]

cep feneri	la lampe de poche [la lanp dö poş]
cep radyosu	la radio portative [la radyo portativ]
cep saati	la montre-gousset [la montr guse]
cerahat	le pus [lö pü]
cıvata	le boulon [lö bulon]
ciddi hastalık	la maladie sérieuse [la maladi seryöz]
ciğer	le poumon [lö pumon]
cila	le vernis [lö verni]
cilt	le tome [lö tom]; la reliure [la rölyür]
ciltçi	le relieur [lö rölyör]
cilt kremi	la crème pour la peau [la krem pur la po]
cuma	le vendredi [lö vandrödi]
cumartesi	le samedi [lö samdi]
Cumhurbaşkanı	le Président de la République [lö prezidan dö la repüblik]
cüzdan	le portefeuille [lö portföy]

Ç

çabuk	vite [vit]
çadır	la tente [la tant]
çağ	l'époque (la) [lepok]; l'âge (le) [laj]
çakmak	le briquet [lö brike]

çakmaktaşı	la pierre à briquet [la pyer a brike]
çalar saat	le réveille-matin [lö revey maten]
çalışmak	travailler [travaye]
çamaşır	le linge [lö lenj]
çamaşırcı kadın	la blanchisseuse [la blanşisöz]
çamaşır makinesi	la machine à laver [la maşin a lave]
çamurluk	le garde-boue [lö gard bu]
çanta	le sac [lö sak]; la serviette [la servyet]
çarpıntı	la palpitation [la palpitasyon]
çarşamba	le mercredi [lö merkrödi]
çarşı	le marché [lö marşe]
çatal	la fourchette [la furşet]
çavdar	le seigle [lö segl]
çavdar ekmeği	le pain de seigle [lö pen de segl]
çay	le thé [lö te]
çaydanlık	la théière [la teyer]
çek	le chèque [lö şek]
çekecek	le chausse-pieds [lö şos pye]
çene	la mâchoire [la maşuar]
çerçeve	le cadre [lö kadr]
çeşme	la fontaine [la fonten]
çeyrek	le quart [lö kar]
çeyrek saat	le quart d'heure [lö kar dör]
çeyrek yıl	le trimestre [lö trimestr]
çıkış	la sortie [la sorti]
çıkmaz sokak	l'impasse [lenpas]
çıplak	nu [nü]
çırak	l'apprenti (le) [lapranti]
çiçek	la fleur [la flör]
çiçek (hastalık)	la variole [la varyol]; la petite vérole [la ptit verol]
çiçek buketi	le bouquet de fleurs [lö buke dö flör]

çiçekçi	le fleuriste [lö flörist]
çift	la paire [la per]; le couple [lö kupl]
çiftçi	le fermier [lö fermye]
çiftlik	la ferme [la ferm]
çiğ	cru [krü]
çiğnemek	mâcher [maşe]
çikolata	le chocolat [lö şokola]
çikolatalı dondurma	la glace au chocolat [la glas o şokola]
çilek	la fraise [la frez]
çilekli dondurma	la glace à la fraise [la glas a la frez]
çilek kompostosu	la compote de fraises [la konpot dö frez]
çilingir	le serrurier [lö serürye]
çivi	le clou [lö klu]
çizme	la botte [la bot]
çoban	le berger [lö berje]
çocuk	l'enfant (le) [lanfan]
çocuk bahçesi	le jardin d'enfants [lö jarden danfan]
çocuk bileti	le billet pour enfants [lö biye pur anfan]
çok	très [tre]
çok geç	trop tard [tro tar]
çok kez	plusieurs fois [plüzyör fua]
çoktan beri	depuis longtemps [döpüi lontan]
çorap	le bas [lö ba]; la chaussette [la şoset]
çorba	la soupe [la sup]; le potage [lö potaj]
çöpçü	l'éboueur (le) [lebuör]
çürük	pourri [puri]; abîmé [abime]; carié (diş) [karye]

D

dadı	la gouvernante [la guvernant]
dağ	la montagne, le mont [la montany, lö mon]
daha	plus [plüs]
daha önce	déjà [deja]
daha sonra	ensuite [ansüit]
daima, herzaman	toujours [tujur]
dakika	la minute [la minüt]
dalak	la rate [la rat]
dalga	la vague [la vag]
damak	le palais [lö pale]
damar	la veine [la ven]
damla	la goutte [la gut]
danışma bürosu	le bureau de renseignements [lö büro dö ranseynman]
dans	la danse [la dans]
dans etmek	danser [danse]
dar	étroit [etrua]
davet	l'invitation (la) [lenvitasyon]
davet etmek	inviter [envite]
dayı	l'oncle (le) [lonkl]
debreyaj	le débrayage [lö debreyaj]
debreyaj kutusu	la boîte de débrayage [la buat dö debreyaj]
debreyaj pedalı	la pédale de débrayage [la pedal dö debreyaj]
defter	le cahier [lö kaye]
değer	la valeur [la valör]

değil	ne...... pas [nö ..... pas]
değirmenci	le meunier [lö mönye]
değiştirmek	changer [şanje]
deklanşör	le déclencheur [lö deklanşör]
delik	le trou [lö tru]
delmek	trouer [true]
demir	le fer [lö fer]
demirci	le ferronnier [lö feronye]
demiryolu	la voie ferrée [la vua fere]
deniz	la mer [la mer]
deniz mevsimi	la saison balnéaire [la sezon balneer]
deniz tutması	le mal de mer [lö mal dö mer]
depo	le réservoir [lö rezervuar]
derhal	immédiatement [imedyatman]
deri, cilt	la peau [la po]; le cuir [lö küir]
deri ceket	la veste de cuir [la vest dö küir]
deri eşya	les vêtements de cuir [le vetman dö küir]
ders	la leçon [la löson]
devir (dönme)	le tour [lö tur]
ders kitabı	le manuel [lö manüel]
dezenfektan	le désinfectant [lö dezonfektan]
dış ülke	le pays étranger [lö pei zetranje]
diferansiyel	le différentiel [lö diferansyel]
difteri	la diphtérie [la difteri]
dikiz aynası	le rétroviseur [lö retrovizör]
dikkat	l'attention [latansyon]
dil	la langue [la lang]
dilim	la tranche [la tranş]
dilsiz	muet [müe]
din	la religion [la rölijyon]
dinamo	la dynamo [la dinamo]
dingil	l'essieu (le) [lesyö]
dinlemek	écouter [ekute]

diploma le diplôme [lö diplom]
direksiyon le volant [lö volan]
direksiyon mili l'arbre de direction [larbr dö direksyon]
dirsek le coude [lö kud]
diş la dent [la dan]
diş ağrısı le mal de dents [lö mal dö dan]
dişçi le dentiste [lö dantist]
diş fırçası la brosse à dents [la bros a dan]
diş hekimi le chirurgien-dentiste [lö şirürjyen dantist]
diş kökü la racine dentaire [la rasin danter]
dişli çark la roue dentée [la ru dante]
diş macunu la pâte dentifrice [la pat dantifris]
diyafram le diaphragme [lö diyafragm]
diz le genou [lö jönu]
dizel motoru le moteur Diesel [lö motör diezel]
dizgici le metteur en page [lö metör an paj]; le compositeur [lö konpozitör]
diz kapağı la rotule [la rotül]
doğramacı le menuisier [lö mönüizye]
doğu l'est (le) [lest]; l'orient (le) [loryan]
doğum la naissance [la nesans]
doğumevi la maternité [la maternite]
doğum günü l'anniversaire (le) [laniverser]
doğum kontrolü le contrôle des naissances [lö kontrol de nesans]
doğum tarihi la date de naissance [la dat dö nesans]
doksan quatre-vingt-dix [katrvendis]
doktor le docteur [lö doktör]; le médecin [lö medsen]

dokumacı	le tisserand [lö tisran]
dokumak	tisser [tise]
dokuz	neuf [nöf]
dolap	l'armoire (la) [larmuar]
dolar	le dollar [lö dolar]
doldurmak (diş)	plomber [plonbe]
dolgu	le plombage [lö plonbaj]
dolma kalem	le stylo [lö stilo]
dolmalık biber	le poivron [lö puavron]
dolu	plein [plen]
domates	la tomate [la tomat]
domates salatası	la salade de tomates [la salad dö tomat]
domuz eti	la viande de porc [la vyand dö por]
don	le caleçon [lö kalson]
dondurma	la glace [la glas]
dost	le copain, la copine [lö kopen, la kopin]; l'ami, ie (le, la) [ami]
dökümcü	le fondeur [lö fondör]
dökümhane	la forge [la forj]
dölyolu	le vagin [lö vajen]
dönmek	retourner [röturne]
dönüş	le retour [lö rötur]
dört	quatre [katr]
dört gün sonra	dans quatre jours [dan katr jur]
dört yol ağzı	le carrefour [lö karfur]
döşeme	la tapisserie [la tapisri]
döviz	la devise [la döviz]
dudak	la lèvre [la levr]
dudak boyamak	se mettre du rouge à lèvres [sö metr dü rüj a levr]
dudak merhemi	la pommade pour les lèvres [la pomad pur le levr]
dul (kadın)	la veuve [la vöv]
dur	stop [stop]

durak	l'arrêt [lare]
durmak	s'arrêter [sarete]
duş	la douche [la duş]
duş yapmak	se doucher [sö duşe]
duvar	le mur [lö mür]
duvarcı	le maçon [lö mason]
duvar saati	l'horloge (la) [lorloj]
düğme	le bouton [lö buton]
dükkân	le magasin [lö magazen]
dülger	le charpentier [lö şarpantye]
dün	hier [iyer]
dün akşam	hier soir [iyer suar]
dün gece	hier dans la nuit [iyer dan la nüi]
dün sabah	hier matin [iyer maten]
dürbün	les jumelles [le jümel]
düşmek	tomber [tonbe]
düşünce	la pensée [la panse]
düşünmek	penser [panse]
düz	plat [pla]; lisse [lis]
düzeltmek	corriger [korije]
düzine	la douzaine [la duzen]

E

ebe	la sage-femme [la saj fam]
ecnebi	l'étranger (le) [letranje]
kaçış, saat maşası	l'échappement (le) [leşapman]
eczacı	le pharmacien [lö farmasyen]
eczane	la pharmacie [la farmasi]

egzoz borusu	le pot d'échappement [lö po deşapman]
eğe	la lime [la lim]
eğelemek	limer [lime]
ekim	octobre [oktobr]
eklem	la jointure [la juentür]
ekmek	le pain [lö pen]
ekmek dilimi	la tranche de pain [la tranş dö pen]
eksantrik	l'excentrique (le) [leksantrik]
ekspres	le train rapide [lö tren rapid]
ekşi	acide [asid]; aigre [egr]
el	la main [la men]
elbise	l'habit (le) [labi]
elbise (erkek)	le complet [lö konple]
el çantası	le sac à main [lö sak a men]
elçi	l'ambassadeur (le) [lanbasadör]
elçilik	l'ambassade (la) [lanbasad]
eldiven	le gant [lö gan]
elek	le crible [lö kribl]; la passoire [la pasuar]; le tamis [lö tami]
elektrik	l'électricité (la) [lelektrisite]
elektrikçi	l'électricien (le) [lelektrisyen]
elektrikli matkap	la perceuse électrique [la persöz elektrik]
elektrik mühendisi	l'ingénieur-électricien (le) [lenjenyör elektrisyen]
elektriksel	électrique [elektrik]
elektrik teknisyeni	le technicien en électricité [lö teknisyen an nelektrisite]
el eşyası	les bagages à main [le bagaj za men]
el freni	le frein à main [lö fren a men]
elli	cinquante [senkant]
elma	la pomme [la pom]
elma kompostosu	la compote de pommes [la konpot dö pom]

elmalı pasta	la tarte aux pommes [la tart o pom]
elmas	le diamant [lö dyaman]
el radyosu	la radio portative [la radyo portativ]
el valizi	la valise [la valiz]; la mallette [la malet]
emanet	la consigne [la konsiny]
emir	l'ordre (le) [lordr]
empermeabl, yağmurluk	l'imperméable (le) [lenpermeabl]
en	la largeur [la larjör]
endüstri, sanayi	l'industrie (la) [lendüstri]
enerji	l'énergie (la) [lenerji]
enerji merkezi	la centrale électrique [la santral elektrik]
enginar	l'artichaut (le) [lartişo]
enjeksiyon	l'injection (la) [lenjeksyon]
ense	la nuque [la nük]
en son	ultime [ültim]
enstantane	l'instantané (le) [lenstantane]
enteresan, ilginç	intéressant [enteresan]
erbezi	le testicule [lö testikül]
erik	la prune [la prün]
erik kompostosu	la compote de prunes [la konpot dö prün]
erkek	l'homme (le) [lom]
erkek çocuk	le garçon [lö garson]
erkek kardeş	le frère [lö frer]
erkek mayosu	le maillot pour homme [lö mayo pur om]
erkeklik organı	le pénis [lö penis]; la verge [la verj]
erken	tôt [to]
erkenden	de bonne heure [dö bon nör]
ertesi gün	le lendemain [lö landmen]
eser	l'œuvre (la) [lövr]
eski	ancien [ansyen]
eskiden	autrefois [otröfua]

eski eserler müzesi	le musée des antiquités [lö müze de zantikite]
esnemek	bâiller [baye]
eşya	l'objet (le) [lobje]
et	la viande [la vyand]
etek	la jupe [la jüp]
eter	l'éther (le) [leter]
et suyu	le bouillon de viande [lö buyon dö vyand]
ev	la maison [la mezon]
evet	oui [ui]
evlenmek	se marier [sö marye]
evli	marié (le) [marye]
evrak çantası	le porte-documents [lö port doküman]
evvelâ	d'abord [dabord]; auparavant [oparavan]
eylül	le septembre [lö septanbr]

F

fabrika	l'usine (la) [lüzin]
fabrikatör	le fabricant [lö fabrikan]
fahişe	la prostituée [la prostitüe]
faiz	l'intérêt (le) [lentere]
fakir, yoksul	pauvre [povr]
fanila	la flanelle [la flanel]
far	le phare [lö far]
fare	la souris [la suri]
fasulye	le haricot [lö ariko]
fatura	la facture [la faktür]

felç	la paralysie [la paralizi]
fena	mauvais [move]; mal [mal]
feribot	le bac [lö bäk]; le ferry-boat [lö feribot]
fermuar	la fermeture-éclair [la fermtür ekler]
fındık	la noisette [la nuazet]
fırça	la brosse [la bros]
fırın	le four [lö fur]; la boulangerie [la bulanjri]
fırıncı	le boulanger [lö bulanje]
fıstık	la pistache [la pistaş]
fildişi	l'ivoire (le) [livuar]
film	le film [lö film]; la pellicule [la pelikül]
filtre	le filtre [lö filtr]
fincan	la tasse [la tas]
fiyat	le prix [lö pri]
flaş	le flash [lö flaş]
flaster	le ruban adhésif [lö rüban adezif]
flu	flou [flu]
form	le formulaire [lö formüler]
fotoğraf çekmek	prendre une photo [prandr ün foto]
fotoğrafçı	le photographe [lö fotoğraf]
fotoğraf makinesi	l'appareil photographique (le) [laparey fotografik]
fötr şapka	le chapeau de feutre [lö şapo dö fötr]
Fransız	le Français [lö franse]
Fransızca	français [franse]
Fransa	la France [la Frans]
fren	le frein [lö fren]
fren pedalı	le pédale à frein [la pedal a fren]
fren yapmak	freiner [frene]

frengi	la syphilis [la sifilis]; la vérole [la verol]
fuar	la foire [la fuar]
futbol	le football [lö futbol]
futbol alanı	le terrain de football [lö teren dö futbol]

G

galeri	la galerie [la galri]
galeta	la galette [la galet]
gar	la gare [la gare]
garaj	le garage [lö garaj]
gargara	le gargarisme [lö gargarism]
gargara ilacı	le gargarisme [lö gargarism]
garson	le garçon [lö garson]
gaz (havagazı, gazyağı)	le pétrole [lö petrol]; le gaz d'éclairage [lö gaz dekleraj]
gazete	le journal [lö jurnal]
gazeteci	le journaliste [lö jurnalist]
gaz kolu	la manette des gaz [la manet de gaz]
gaz pedalı	l'accélérateur (le) [lakseleratör]
gaz vermek	donner les gaz [done le gaz]
gazyağı	le pétrole [lö petrol]
gâvur	chien de chrétien [şyen dö kretyen]; infidèle [enfidel]
gebe, hamile	enceinte [ansent]
gebeliği önleme	la contraception [la kontrasepsyon]
gece	la nuit [la nüi]

gece bekçisi	le veilleur de nuit [lö veyör dö nüi]
gece gündüz	jour et nuit [jur e nüi]
geceleri	la nuit [la nüi]
geceleyin	de nuit [dö nüi]
gecelik	la chemise de nuit [la şömiz dö nüi]
gece yarısı	le minuit [lö minüi]
gece yarısı	à minuit [a minüi]
gece yarısına doğru	dans les environs de minuit [dan le zanviron dö minüi]
gecikme	le retard [lö rötar]
gecikmek	être en retard [etr an rötar]
geç	tard [tar]
geçen	passé [pase]; dernier [dernye]
geçen cuma	vendredi passé [vandrödi pase]
geçen hafta	la semaine dernière [la smen dernyer]
geçen gün	l'autre jour [lotrjur]
geçenlerde	récemment [resaman]
geçen yıl	l'an dernier (le) [lan dernye]
geçmiş zaman	le passé [lö pase]
gelecek zaman	le futur [lö fütür]; l'avenir (le) [lavnir]
gelecek ay	le mois prochain [lö mua proşen]
gelecek ayın sonunda	à la fin du mois prochain [a la fen dü mua proşen]
gelecek hafta	la semaine prochaine [la smen proşen]
gelmek	venir [vönir]
gemi	le bateau [lö bato]
genç	jeune [jön]
genelev	la maison de passe [la mezon dö pas]; le bordel [lö bordel]
geniş	large [larj]
gezi	le voyage de plaisir [lö vuayaj dö plezir]; l'excursion (la) [lekskürsyon]

gevşek	relâché [rölaşe]; lâche [laş]
getirmek	apporter [aporte]
gezinti	la promenade [la promnad]
gezmek	se promener [sö promne]
gıda	la nourriture [la nuritür]
gırtlak	le cou [lö ku]
gidiş bileti	le billet d'aller simple [lö biye dale senpl]
gidiş-dönüş bileti	le billet d'aller-retour [lö biye dale rötur]
giriş	l'entrée [lantre]
gişe	le guichet [lö gişe]
gitmek	s'en aller [san nale]; aller [ale]
giyinmek	s'habiller [sabiye]
gliserin	la glycérine [la gliserin]
göbek	le nombril [lö nonbri]
göğüs	la poitrine [la puatrin]; le sein [lö sen]; la mamelle [la mamel]
gök	le ciel [lö syel]
gökdelen	le gratte-ciel [lö grat syel]
göl	le lac [lö lak]
gömlek	la chemise [la şömiz]
göndermek	envoyer [anvuaye]
görmek	voir [vuar]
gösterge, ibre	le cadran [lö kadran]; l'aiguille [legüiy]
göstermek	montrer [montre]
götürmek	conduire [kondüir]; emmener [anmne]; emporter [anporte]
göz	l'œil (le) [löy]
göz banyosu ilacı	le remède pour les bains d'yeux [lö römed pur le ben dyö]; le collyre [lö kolir]
göz kapağı	la paupière [la popyer]
gözlemevi	l'observatoire (le) [lopservatuar]
gözlük	les lunettes [le lünet]
gözlükçü	l'opticien (le) [loptisyen]
gram	le gramme [lö gram]
gres yağı	la graisse [la gres]

grev	la grève [la grev]
gri	gris [gri]
grip	la grippe [la grip]
güç	difficile [difisil]
güçlük	la difficulté [la difikülte]
gül	la rose [la roz]
güle güle	au revoir [orvuar]
gümrük	la douane [la duan]
gümrükçü	le douanier [lö duanye]
gümrük kontrolü	le contrôle douanier [lö kontrol duanye]
gümüş	l'argent (le) [larjan]
gün	le jour [lö jur]
günaydın	le bonjour [lö bonjur]
günde	par jour [par jur]
gündelik	le salaire journalier [lö saler jurnalye]; la journée [la jurne]
gündelikçi işçi	le journalier [lö jurnalye]
günde bir kez	une fois par jour [ün fua par jur]
günden güne	de jour en jour [dö jur an jur] au jour le jour [o jur lö jur]
gündüzün	de jour [dö jur]
güneş	le soleil [lö soley]
güneş banyosu	le bain de soleil [lö ben dö soley]
güneş çarpması	le coup de soleil [lö ku dö soley]
güneş gözlüğü	les lunettes de soleil [le lünet dö soley]
güneş şemsiyesi	le parasol [lö parasol]
güney	le sud [lö süd]
gün ışığı	la lumière du jour [la lümyer dü jur]
günlerce	des jours entiers [de jur zantye]
günlük	du jour [dü jur]
günün birinde	un beau jour [ön bo jur]
günün tarihi	la date du jour [la dat dü jur]

güveç	la terrine [la terin]
güve	la mite [la mit]
gürültü	le bruit [lö brüi]
güz	l'automne (le) [loton]
güzel	beau [bo]; joli [joli]

H

haberler	les nouvelles [le nuvel]
hafif	léger [leje]
hafif hastalık	la maladie légère [la maladi lejer]
hafta	la semaine [la smen]
hafta başı	le début de la semaine [lö debü dö la smen]
haftada	par semaine [par smen]
haftalık	hebdomadaire [ebdomader]
hafta sonu	le week-end [lö uikend]
hâlâ	encore [ankor]
halı	le tapis [lö tapi]
halk	la populace [la papülas]
halsizlik	la faiblesse [la febles]
ham	vert [ver]
hamal	le porteur [lö portör]
hamam	le bain turc [lö ben türk]
hamur	la pâte [la pat]
hangi	quel [kel]
hap	la pilule [la pilül]
hapishane	la prison [la prizon]
harcamak	dépenser [depanse]
hardal	la moutarde [la mutard]

hareket	le mouvement [lö muvman]
hareket (kalkış)	le départ [lö depar]
hareket etmek (kalkmak)	partir [partir]
harita	la carte de géographie [la kart dö jeografi]
hasta	malade [malad]
hastabakıcı	la garde-malade [la gard malad]
hastalık	la maladie [la maladi]
hastane	l'hôpital (le) [lopital]
hata	l'erreur (la) [lerör]
hava	l'air (le) [ler]
hava alanı	l'aérodrome (le) [laerodram]
hava durumu	le bulletin météorologique [lö bülten meteorolojik]
hava filtresi	le filtre à air [lö fitr a er]
hava gazı	le gaz d'éclairage [lö gaz dekleraj]
hava gazı ocağı	le réchaud à gaz [lö reşo a gaz]
havale	le mandat [lö manda]
hava limanı	l'aéroport (le) [laeropor]
havan	le mortier [lö mortye]
hava pompası	la pompe à air [la ponp a er]
hava raporu	le bulletin météorologique [lö bülten meteorolojik]
havlu	l'essuie-mains (le) [lesüi men]
havuç	la carotte [la karot]
havuç salatası	la salade de carottes [la salad dö karot]
havra	la synagogue [la sinagog]
hayat, ömür, yaşam	la vie [la vi]
hayır	non [non]
havya	le fer à souder [lö ferasude]
hayvan	l'animal (le) [lanimal]
hayvanat bahçesi	le parc zoologique [lö park zoolojik; le zoo [lö zoo]
hayvansal yağ	l'huile animale (la) [lüil animal];

	la gralsse animale [la gres animal]
hazır	prêt [pre]
hazırlamak	préparer [prepare]
haziran	juin [jüen]
hazmetmek, sindirmek	digérer [dijere]
hekim	le médecin [lö medsen]
hemen	immédiatement [imedyatman]
henüz	encore [ankor]
her	chaque [şak]
her gece	chaque nuit [şak nüi]
her gün	chaque jour [şak jur]
her hafta	chaque semaine [şak smen]
her zaman	toujours [tujur]
her zaman için	pour toujours [pur tujur]
hesap	le compte [lö kont]; l'addition (la) [ladisyon]
heykel	la statue [la statü]
hıyar	le concombre [lö konkonbr]
hıyar salatası	la salade de concombres [la salad dö konkonbr]
hız	la vitesse [la vites]
hızlı	rapide [rapid]
hiçbir zaman	jamais [jame]
hidrolik fren	le frein hydraulique [lö fren idrolik]
Hindistan cevizi	la noix de coco [la nua dö koko]
hintyağı	l'huile de ricin (la) [lüil dö risen]
hizmetçi kız	la servante [la servan]
	la soubrette [la subret]
hoparlör	le haut-parleur [lö oparlör]
hoşça kalın	au revoir [orvuar]; portez-vous bien [porte vu byen]
huni	l'entonnoir (le) [lantonuar]
hurma	la datte [la dat]
hüviyet	l'identité (la) [lidantite]

I

Iran	l'Iran (le) [liran]
İrak	l'Irak (le) [lirak]
ırmak	le fleuve [lö flöv]
ısmarlamak	commander [komande]
ıspanak	l'épinard (le) [lepinar]
ışık	la lumière [la lümyer]
ızgara	la grillade [la griyad]
ızgara köfte	les boulettes grillées [le bulet griye]

İ

ibre	le cadran [lö kadran]; l'aiguille (la) [legüiy]
ibrik	l'aiguière (la) [legüiyer]
iç çamaşırı	le sous-vêtement [lö su-vetman]
iç hastalık	la maladie interne [la maladi entern]
içki	la boisson [la buason]
iç lastik	la chambre à air [la şanbr a er]
idrar	l'urine [la [lürin]
iğne	l'aiguille (la) [legüiy]

ihracat	l'exportation (la) [leksportasyon]
ihtiyar, yaşlı	le vieux, la vieille [lö vyö, la vyey]
ikâmetgâh, oturma yeri	le domicile [lö domisil]
iki	deux [dö]
ikibin	deux mille [dö mil]
iki günde bir	un jour sur deux [ön jur sür dö]
iki hafta sonra	dans deux semaines [dan dö sömen]
ikiyüz	deux cents [dö san]
ikiyüzbin	deux cent mille [dö san mil]
ilâç	le médicament [lö medikaman] le remède [lö römed]
ilan	l'annonce (la) [lanons]
ileride	à l'avenir [a lavnir]; plus loin [plü luen]
ilim	la science [la syans]
ilkbahar	le printemps [lö prentan]
ilkokul	l'école primaire (la) [lekol primer]
imalathane	l'atelier (le) [latölye]
imdat	au secours [o skur]
imtihan	l'examen (le) [legzamen]
imza	la signature [la sinyatür]
imzalamak	signer [sinye]
incir	la figue [la fig]
indirim	le rabais [lö rabe]; l'escompte (le) [leskont]
inek	la vache [la vaş]
İngiliz	anglais [angle]
İngiliz anahtarı	la clef anglaise [la kle anglez]
İngiltere	l'Angleterre (la) [langloter]
inme (hastalık)	l'attaque (la) [latak]
inmek	descendre [desandr]
inşaat	la construction [la konstrüksyon]
inşaat işçisi	l'ouvrier en bâtiment (le) [luvrye an batiman]

inşaat mühendisi	l'ingénieur en constructions (le) [lenjenyör an konstrüksyon]
ip	la corde [la kord]
ipek	la soie [la sua]
ipek böceği	le ver à soie [lö ver ra sua]
iplik	le fil [lö fil]
irin	le pus [lö pü]
ishal, amel	la diarrhée [la dyare]
isim	le nom [lö non]
iskemle, sandalye	la chaise [la şez]
İspanya	l'Espagne (la) [lespany]
ispirto	l'esprit-de-vin (le) [lespri dö ven]; l'alcool à brûler (le) [lalkol a brüle]
İsrail	Israël [israel]
istasyon	la gare [la gar]
istemek	vouloir [vuluar]
istifa etmek	démissionner [demisyone]
İsveç	la Suède [la süed]
İsviçre	la Suisse [la süis]
iş	le travail [lö travay]
iş adamı	l'homme d'affaires (le) [lom dafer]
işaret parmağı	l'index (le) [lendeks]
işçi	l'ouvrier (le) [luvrye]; le travailleur [lö travayör]
işletme, sömürü	l'exploitation (la) [lekspluatasyon]
işsiz	le chômeur [lö şomör]
iş süresi	la durée de travail [la düre dö travay]
iş yeri	le lieu de travail [lö lyö dö travay]
iş zamanı	l'heure de travail (la) [lör dö travay]
iştah	l'appétit (le) [lapeti]
İtalya	l'Italie (la) [litali]

itfaiye	le corps des pompiers [lö kor de ponpye]
itfaiyeci	le sapeur-pompier [lö sapör ponpye]
iyi	bon [bon]; bien [byen]
iyi akşamlar	bonsoir [bonsuar]
iyi geceler	bonne nuit [bon nüi]
iyi günler	bonjour [bonjur]
iyilik	la bonté [la bonte]
iyi yolculuklar	bon voyage [bon vuayaj]
izin	le congé [lö konje]; la permission [la permisyon]
izinli	en congé [an konje]

J

jambon	le jambon [lö janbon]
jant	la jante [la jant]
Japon	le Japon [lö japon]
jartiyer	la jarretière [la jartyer]
jeton	le jeton [lö jöton]
jilet	la lame de rasoir [la lam dö razuar]

K

kabak	le courgette [la kurjet]
kabakulak	les oreillons [le zoreyon]
kabızlık	la constipation [la konstipasyon]

kabul etmek	accepter [aksepte]; accuellir [aköyir]
kaburga	la côte [la kot]
kaç	combien [konbyen]
kadın	la femme [la fam]
kadınbudu köfte	les boulettes frites [le bulet frit]
kadın doktoru	le gynécologue [lö jinekolog]
kadın üreme organı	le vagin [lö vajen]
kadın mayosu	le maillot pour dames [lö mayo pur dam]
kadife	le velours [lö völur]
kafa	la tête [la tet]
kafatası	le crâne [lö kran]
kâğıt	le papier [lö papye]
kâğıt para	le papier-monnaie [lö papye mone]
kahvaltı	le petit déjeuner [lö pti dejöne]; le goûter [lö gute]
kahve	le café [lö kafe]
kahvehane	le café [lö kafe]
kahverengi	marron [maron]
kalça	la hanche [la anş]
kalfa	le maître-ouvrier [lö metr uvrye]
kaldırmak	soulever [sulve]; ôter [ote]
kalem	le crayon [lö kreyon]
kalkmak	se lever [sö löve]
kalmak	rester [reste]
kalorifer	le calorifère [lö kalorifer]
kalp, yürek	le cœur [lö kör]
kambiyo	le change [lö şanj]
kamyon	le camion [lö kamyon]
kan	le sang [lö san]
Kanada	le Canada [lö kanada]
kanal	le canal [lö kanal]
kanama	l'hémorragie [lemoraji]

kanamak	saigner [senye]
kan çıbanı	le furoncle [lö füronkl]
kan dindirici ilaç	le médicament hémostatique [lö medikaman emostatik]
kan dolaşımı	la circulation sanguine [la sirkülasyon sangin]
kan kaybı	la perte de sang [la pert dö san]
kanser	le cancer [lö kanser]
kansızlık	l'anémie (la) [lanemi]
kan taşı	le crayon hémostatique [lö krayon emostatik]
kantin	la cantine [la kantin]
kan zehirlenmesi	l'empoisonnement du sang (le) [lanpuazonman dü san]
kapamak	fermer [ferme]
kapatmak	enfermer [anferme]
kapı	la porte [la port]
kapıcı	le concierge [lö konsyerj]
kaplama	la couronne [la kuron]
kaptan	le capitaine [lö kapiten]
kara	noir [nuar]
karabiber	le poivre [lö puavr]
karaciğer	le foie [lö fua]
Karadeniz	la Mer Noire [la mer nuar]
kara ekmek	le pain noir [lö pen nuar]
karanfil	l'œillet (le) [löye]; le clou de girofle [lö klu dö jirofl]
karbonat	le bicarbonate [lö bikarbonat]
karbon kâğıdı	le papier-carbone [lö papye karbon]
karbüratör	le carburateur [lö karbüratör]
karı	la femme [la fam]; l'épouse (la) [lepuz]
karın	le ventre [lö vantr]
karın ağrısı	les maux de ventre [le mo dö vantr]

karıştırmak	brouiller [bruye]; mêler [mele]; fouiller [fuye]
karnabahar	le chou-fleur [lö şu flör]
karoseri	la carrosserie [la karosri]
karpuz	la pastèque [la pastek]; le melon d'eau [lö mölon do]
kart	la carte [la kart]
kartpostal, posta kartı	la carte postale [la kartpostal]
kar zinciri	la chaîne antidérapante [la şen antiderapant]
kas	le muscle [lö müskl]
kasap	le boucher [lö buşe]
kasım	novembre [novanbr]
kasket	la casquette [la kasket]
kaş	le sourcil [lö sursi]
kaşık	la cuillère [la küiyer]
kaşıntı	la démangeaison [la demanjezon]
kaş kalemi	la crayon à sourcils [lö kreyon a sursi]
kaşkol	le cache-col [lö kaşkol]; le cache-nez [le kaş ne]
katedral	la cathédrale [la katedral]
kavşak	le carrefour [lö karfur]
kavun	le melon [lö mölon]
kaybetmek	perdre [perdr]
kaydetmek	enregistrer [anröjistre]
kayıp	perdu [perdü]
kayıp eşya bürosu	le bureau des objets trouvés [lö büro de zobje truve]
kayısı	l'abricot (le) [labriko]
kayısı kompostosu	la compote d'abricot [la konpot dabriko]
kayış	la courroie [la kurua]
kaymak	la crème [la krem]
kaymaklı dondurma	la crème glacée [la krem glase]
kaynana	la belle-mère [la belmer]
kaynatmak	bouillir [buyir]; souder [sude]

kaynata	le beau-père [lö bo per]
kaza	l'accident (le) [laksidan]
kebap	la viande grillée [la vyand griye]
kazak	le pull-over [lö pülover]
keçi	la chèvre [la şevr]
kedi	le chat [lö şa]
kefal	le mulet [lö müle]
kelime, sözcük	le mot [lö mo]
kemer	la ceinture [la sentür]
kemer tokası	la boucle de ceinturon [la bukl dö sentüron]
kemik	l'os (le) [los]
kent	la ville [la vil]
kepek	la pellicule [la pelikül]
kereviz	le céleri [lö selri]
kerpeten	les tenailles [le tönay]
kesici diş	l'incisive (la) [lensiziv]
kesmek	couper [kupe]
keten	le lin [lö len]
keyifsizlik	l'indisposition (la) [lendispozisyon]
kıkırdak	le cartilage [lö kartilaj]
kıl	le poil [lö pual]
kılavuz	le guide [lö gid]
kıl döktüren ilâç	le dépilateur [lö depilatör]; le dépilatoire [lö depilatuar]
kıl fırça	la brosse à poils [la bros a pual]
kılıç balığı	l'espadon (le) [lespadon]
kıl yok edici	le dépilatoire [lö depilatuar]
kırk	quarante [karant]
kırmak	casser [kase]
kız kardeş	la sœur [la sör]
kırmızı	rouge [ruj]
kırmızı lahana salatası	la salade de chou rouge [la salad dö şu ruj]
kırtasiyeci	le papetier [lö paptye]

kısa	court [kur]; bref [bref]
kısaltmak	raccourcir [rakursir]
kısa pantalon	le pantalon court [lö pantalon kur]
kısa süre için	pour un bref temps [pur ön bref tan]
kış	l'hiver (le) [liver]
kışla	la caserne [la kazern]
kışlık elbise	les vêtements d'hiver [le vetman diver]
kıyma	la viande hâchée [la vyand aşe]
kızarmış patates	les pommes frites [le pom frit]; les frites [le frit]
kızartma	la friture [la fritür]
kızartmak	rôtir [rotir]
kızamık	la rougeole [la rujol]
kızıl	la scarlatine (la) [skarlatin]
kibrit	l'allumette (la) [lalümet]
kilise	l'église (la) [legliz]
kilometre	le kilomètre [lö kilometr]
kilometre sayacı	le compteur de vitesse [lö kontör dö vites]
kim?	qui? [ki]
kimya mühendisi	l'ingénieur-chimiste (le) [lenjenyör şimist]
kimyager	le chimiste [lö şimist]
kimyon	le cumin [lö kümen]
kinin	la quinine [la kinin]
kira	le loyer [lö luaye]
kiracı	le locataire [lö lokater]
kiraz	la cerise [la sriz]
kirpik	le cil [lö sil]
kitabevi	la librairie [la libreri]
kitap	le livre [lö livr]
kitapçı	le libraire [lö librer]
kitapçı dükkânı	la librairie [la libreri]
klinik	la clinique [la klinik]; le cabinet de consultations [lö kabine dö konsültasyon]

koca	le mari [lö mari]
kol	le bras [lö bra]
kolonya	l'Eau de Cologne (la) [lo dö kolony]
kol saati	la montre-bracelet [la montr brasle]
koltuk	le fauteuil [lö fotöy]
koltuk (sinema)	le fauteuil d'orchestre [lö fotöy dorkestr]
koma	le come [lö koma]
kompartman	le compartiment [lö konparti-man]
komposto	la compote [la konpot]
kompresör	le compresseur[lö konpresör]
konaklama	la halte [la alt]
konfeksiyon mağazası	le magasin de confection [lö magazen dö konfeksyon]
konsolos	le consul [lö konsül]
konsolosluk	le consulat [lö konsüla]
kontak düğmesi	le bouton de contact [lö buton dö kontakt]
kontrol etmek	vérifier [verifye]
kontrolör	le contrôleur [lö kontrolör]
konuşma kılavuzu	le guide de conversation [lö gid dö konversasyon]
kopya	la copie [la kopi]
korna	l'avertisseur (le) [lavertisör]; le klaxon [lö klakson]
korna çalmak	klaxonner [klaksone]
kostüm	le costume [lö kostüm]
kova	le seau [lö so]
koymak	placer, mettre [plase metr]
koyu (renk)	foncé [fonse]
koyu kahverengi	marron foncé [maron fonse]
koyu mavi	bleu foncé [blö fonse]
koyu yeşil	vert foncé [ver fonse]
koyun	le mouton [le muton]
koyun kızartması	le mouton braisé [lö muton breze]; le muton rôti [lö

muton roti]

köfte	la boulette [la bulet]
köpek	le chien [lö şyen]
köprü	le pont [lö pon]; le bridge [lö bric]
kör	aveugle [avögl]
kör barsak	l'appendice (le) [lapandis]
köşe	le coin [lö kuen]
kötü	méchant [meşan]; mauvais [move]
kötürüm	impotent [enpotan]; perclus [perklü]; cul-de-jatte (le, la) [küdjat]
köylü	le paysan [lö peizan]
kral	le roi [lö rua]
kraliçe	la reine [la ren]
kramp	la crampe [la kranp]
krank	le vilebrequin [lö vilbröken]
krank mili	l'arbre du vilebrequin (le) [larbr dü vilbröken]
kravat, boyunbağı	la cravate [la kravat]
kriko	le cric [lö krik]
kriz, buhran	la crise [la kriz]
kuaför	le coiffeur [lö kuaför]
kubbe	le dôme [lö dom]; la coupole [la kupol]
kuduz	la rage [la raj]
kulak	l'oreille (la) [lorey]
kulak ağrısı	le mal d'oreille [lö mal dorey]
kulak doktoru	l'oto-rhino-laryngologiste (le) [loto rino larengolojist]
kulak memesi	le lobe de l'oreille [le lob dö lorey]
kulak zarı	le tympan [lö tenpan]
kum	le sable [lö sabl]
kumaş	l'étoffe (la) [letof]; le tissu [lö tisü]
kumral	châtain [şaten]
kundura	le soulier [lö sulye]; la chaus-

	sure [la şosür]
kunduracı	le cordonnier [lö kordonye]
kunduracı mağazası	le magasin de chaussures [lö magazen dö şosür]
kurmak (saat)	remonter [römonte]
kuru fasulye	le haricot sec [lö ariko sek]
kuru üzüm	le raisin sec [lö rezen sek]
kusmak	vomir [vomir]; rendre [randr]
kuşak	la ceinture [la sentür]
kuşpalazı	la diphtérie [la difteri]
kuvvet	la force [la fors]
kuvvetli	fort [for]
kuvvet şurubu	le fortifiant [lö fortifyan]; le tonique [lö tonik]
kuyumcu	le bijoutier [lö bijutye]
kuzey	le nord [lö nor]
kuzu	l'agneau (le) [lanyo]
kuzu kızartması	l'agneau braisé (le) [lanyo breze]; l'agneau rôti [lanyo roti]
kuzu dolması	l'agneau farci (le) [lanyo farsi]
küçük dil	la luette [la lüet]
küçük	petit [pöti] [pti]
külot	la culotte [la külot]
külotlu çorap	le bas-culotte [lö ba külot]
kül tablası	le cendrier [lö sandrye]
kürek	la pelle [la pel]
kürk	la fourrure [la furür]
kürk manto	le manteau de fourrure [lö manto dö furür]
kürtaj	le curetage [lö kürtaj]; l'avortement (le) [lavortman]
kütüphane	la bibliothèque [la bibliyotek]

L

lahana	le chou [lö su]
lâle	la tulipe [la tülip]

lamba	la lampe [la lanp]
lāstik	le caoutchouc [lö kauçu]
lastik çizme	la botte en caoutchouc [la bot an kauçu]
lehimlemek	souder [sude]
leke	la tache [la taş]
leke ilacı	le de-tachant [lö detaşan]
levrek	le bar [lö bar]
limon	le citron [lö sitron]
limonlu dondurma	la glace au citron [la glas o sitron]
lisan, dil	le langage [lö langaj]; la langue [la lang]
liste (yemek)	le menu [lö mönü]
litre	le litre [lö litr]
loca	la loge [la loj]
lokanta	le restaurant [lö restoran]
lokantacı	le restaurateur [lö restoratör]
lokomotif	la locomotive [la lokomotiv]
lumbago	le lumbago [lö lonbago]
Lübnan	le Liban [lö liban]
lügat	le dictionnaire [lö diksyoner]
lütfen	s'il vous plaît [silvuple]

M

maaş	les appointements (le zapuentman]
Macaristan	la Hongrie [la ongri]
maç	le match [lö maç]
mağaza	le magasin [lö magazen]

mahalle, semt	le quartier [lö kartye]
mahkeme	le tribunal [lö tribünal]
makam	le poste [lö post]
makarna	le macaroni [lö makaroni]
makas	les ciseaux [le sizo]; l'aiguillage [legüiyaj]
makbuz, alındı	le reçu [lö rösü]
makine	la machine [la maşin]
makine mühendisi	l'ingénieur-mécanicien [lenjenyör mekanisyen]
makinist	le machiniste [lö maşinist]
makyaj	le maquillage [lö makiyaj]
makyaj yapmak	se maquiller [sö makiye]
mal	la marchandise [la marşandiz]; le bien [lö byen]
mal sahibi	le propriétaire [lö propriyeter]
mala	la truelle [la trüel]
malzeme	le matériel [lö materyel]
mandalina	la mandarine [la mandarin]
manav	le marchand de légumes [lö marşan dö legüm]
manikür	la manucure [la manükür]
mantar	le champignon [lö şanpinyon]
mantar (tıpa)	le bouchon [lö buşon]
manto	le manteau [lö manto]
marangoz	le menuisier [lö mönüizye]
marangoz kalemi	le ciseau de menuisier [lö sizo dö mönüizye]
Marmara	la Mer de Marmara [la mer dö marmara]
marmelat	la marmelade [la marmlad]
marşandiz	le train de marchandises [lö tren dö marşandiz]
mart	mars [mars]
marul	la laitue romaine [la letü romen]
marul salatası	la salade de laitue [la salad dö letü]
masa	la table [la tabl]

maşa	la pincette [la penset]
maşallah	que Dieu garde! [kö dyö gard]; bravo! [bravo]
mat	mat [mat]
matbaa	l'imprimerie (la) [lenprimri]
matbaacı	l'imprimeur [lenprimör]
matkap	la perceuse [la persöz]; le drain [lö dren]
mavi	bleu [blö]
maydanoz	le persil [lö persi]
mayıs	mai [me]
mayo (erkek)	le maillot de bain [lö mayo dö ben]
mayo (kadın)	le costume de bain [lö köstüm dö ben]
mazot	le mazout [lö mazu]; le fuel-oil [lö fyul oyl]
mecmua, dergi	la revue [la rövü]
mektup, yazı	la lettre [la letr]
mektup kâğıdı	le papier à lettres [lö papye ra letr]
meme	le sein [lö sen]; la mamelle [la mamel]
meme başı	le mamelon [lö mamlon]; le tétin [lö teten]
memleket	le pays [lö pei]
memnun olmak	être content [etr kontan]
memur	le fonctionnaire [lö fonksyoner]
mengene	l'étau (le) [leto]
mercek	la lentille [la lantiy]
mercimek	la lentille [la lantiy]
merhaba	salut [salü]
merhem	la pommade [la pomad]
mesafe	la distance [la distans]
metre	le mètre [lö metr]
merkez	le centre [lö santr]
metro	le métro [lö metro]
mevsim, sezon	la saison [la sezon]

meydan, yer	la place [la plas]
mermer	le marbre [lö marbr]
meyve	le fruit [lö früi]
meyveli dondurma	la glace aux fruits [la glas o früi]
mide kanaması	l'hémorragie gastrique (la) [lemoraji gastrik]
midye	la moule [la mul]
migren	la migraine [la migren]
mikrop	le microbe [lö mikrob]
miktar	la quantité [la kantite]
millet	la nation [la nasyon]
milyon	le million [lö milyon]
milyar	le milliard [lö milyar]
mimar	l'architecte (le) [larşitekt]
mimarî	architectural [arşitektüral]
minare	le minaret [lö minare]
mini etek	la mini-jupe [la minijüp]
misafir, konuk	l'invité (le) [lenvite]
miyop	myope [myop]
Mısır	l'Egypte (la) [lejipt]
mobilya	le meuble [lö möbl]
mobilya mağazası	le magasin de meubles [lö magazen dö möbl]
motor	le moteur [lö motör]
motor kaputu	le capot [lö kapo]
motoru işletmek	mettre en marche le moteur [metr an marş lö motör]
motorsiklet	la motorcyclette [la motosiklet]
muamele	les formalités [le formalite]
muayene	l'examen (le) [legzamen]
muayene etmek	ausculter [osküite]
muayenehane	le cabinet de consultation [lö kabine dö konsültasyon]
muhasebeci	le comptable [lö kontabl]
mum	la chandelle [la şandel]; la bougie [la buji]
musluk	le robinet [lö robine]

muz	la banane [la banan]
muteber	valable [valabl]
müddet	le délai [lö dele]
müdür	le directeur [lö direktör]
mükâfat	la récompense [la rekonpans]
mümkün	possible [posibl]
müracaat, danışma, malumat	le renseignement [lö ranseyn-man]
mürdüm eriği	la prunelle [la prünel]
mürekkep	l'encre (la) [lankr]
müsaade etmek, izin vermek	permettre [permetr]
müsekkin	le tranquillisant [lö trankilizan]
müshil	le laxatif [lö laksatif]
müşteri	le client [lö kliyan]
mütehassıs	le spécialiste [lö spesyalist]
mütercim, çevirmen	le traducteur [lö tradüktör]
müze	le musée [lö müze]
müzik	la musique [la müzik]
müzikhol	le music-hall [lö müzikol]

N

nabız	le pouls [lö pu]
nal	le fer à cheval [lö fer a şöval]
nalbant	le maréchal-ferrand [lö mareşal feran]
namaz	la prière musulmane [la priyer müzülman]
nane	la menthe [la mant]
nar	la grenade [la grönad]
nasıl	comment [koman]
nasır	le cor [lö kor]

nasır ilacı	le corricide [lö korisid]
nefes	le respiration [la respirasyon]
nefes darlığı	les difficultés à respirer [le difikülte a respire]
nehir, ırmak	le fleuve [lö flöv]; la rivière [la rivyer]
nevralji	la névralgie [la nevralji]
nezle	le rhume [lö rüm]
nisan	avril [avril]
nişadır	le sel ammoniac [lö sel amonyak]
nihayet	enfin [anfen]
nohut	le pois chiche [lö pua şiş]
normal	normal [normal]
Norveç	la Norvège [la norvej]
not	la notice [la notis]
not defteri	le cahier de notes [lö kaye dö not]
nöbet, kriz	l'attaque (la) [latak]; la crise [la kriz]

O

objektif	l'objectif (le) [lobjektif]
obua	le hautbois [lö obua]
ocak (ayı)	janvier [janvye]
ocak	le foyer [lö fuaye]
oda	la chambre [la şanbr]
oda müziği	la musique de chambre [la müzik dö şanbr]
odacı	le garçon de bureau [le garson dö büro]
ofis	le bureau [lö büro]

oje	le vernis à ongles [lö verni za ongl]
oksijenli su	l'eau oxygénée [lo oksijene]
okul	l'école (la) [lekol]
okul çantası	le cartable [lö kartabl]
okumak	lire [lir]; étudier [etüdye]
omuz	l'épaule (la) [lepol]
on	dix [dis]
onaltı	seize [sez]
onbeş	quinze [kenz]
onbin	dix mille [di mil]
onbir	onze [onz]
ondokuz	dix-neuf [dis nöf]
ondört	quatorze [katorz]
oniki	douze [duz]
onsekiz	dix-huit [dizüit]
onüç	treize [trez]
onyedi	dix-sept [diset]
on yıl	la décade [la dekad]
opera, opera şefi	l'Opéra (le) [lopera]
operatör	le chirurgien [lö şirürjyen]
operet	l'opérette (la) [loperet]
orkestra	l'orchestre (le) [lorkestr]
orkestra şefi	le chef d'orchestre [lö şef dorkestr]
orman	la forêt [la fore]; le bois [lö bua]
oruç	le jeûne rituel [lö jön ritüel]
otel	l'hôtel (le) [lotel]
otobüs	l'autobus (le) [lotobüs]
otomobil	l'automobile (la) [lotomobil]; la voiture [la vuatür]
otostop	l'auto-stop (le) [lotostop]
oturmak	s'asseoir [sasuar]; habiter [abite]
otuz	trente [trant]
oynamak	jouer [jue]
oyun	le jeu [lö jö]
oyuncak	le jouet [lö jue]
oyuncakçı	le marchand de jouets [lö mar-

	şan dö jue]
oyuncakçı dükkânı	le magasin de jouets [lö magazen dö jue]
o zamana kadar	jusque-là [jüskö la]
o zamandan beri	depuis [döpüi]

Ö

öbürgün	le surlendemain [lö sürlandömen]; après-demain [apre dömen]
ödeme	le paiement [lö peyman]
ödemek	payer [peye]
öğle	le midi [lö midi]
öğleden önce	l'avant-midi [lavan midi]
öğleden sonra	l'après midi (le) [lapremidi]
öğleleri	les midis [le midi]
öğleye doğru	vers midi [ver midi]
öğrenci	l'élève (le, la) [lelev]
öğrenmek	apprendre [aprandr]
öğretmek	enseigner [ansenye]
öğretmen	le professeur [lö profesör]; le maître [lö metr]
öksürmek	tousser [tuse]
öksürük	la toux [la tu]
öksürük ilacı	le remède contre la toux [lö römed kontr la tu]
ölmek	mourir [murir]
ön	le devant [lö dövan]
ön cam	le pare-brise [lö parbriz]
önce	d'abord [dabor]
önceden	d'avance [davans]

önceki gün	l'avant-veille (la) [lavanvey]
ön diş	la dent de devant [la dan dö dövan]
ön kanape	le siège avant [lö syej avan]
önlük	le tablier [lö tablye]
ön tekerlek	la roue avant [la ru avan]
örs	l'enclume (la) [lanklüm]
örtü	la couverture [la kuvertür]
özel okul	l'école privée (la) [lekol prive]
özür dilemek	s'excuser [seksküze]

P

pabuç	le soulier [lö sulye]
pahalı	cher [şer]
paket	le paquet [lö pake]
palamut	le thon [lö ton]
palto	le paletot [lö palto]
pamuk	le coton [lö koton]; l'ouate (la) [luat]
panayır, fuar	la foire [la fuar]
pancur	le volet [lö vole]
pansiyon	la pension [la pansyon]
pantalon	le pantalon [lö pantalon]
pantalon askısı	les bretelles [le brötel]
panzehir	le contrepoison [lö kontrpuazon]
papatya	la marguerite [la margrit]; la camomille [la kamomiy]
para	l'argent (le) [larjan]
para çantası	le porte-monnaie [lö portmone]
parça	le morceau [lö morso]; la pièce [la pyes]

pardesü	le pardessus [lö pardösü]
pardon	pardon [pardon]
parfümeri	la parfumerie [la parfümri]
parfümeri mağazası	le magasin de parfumerie [lö magazen dö parfümri]
park	le parc [lö park]
park yapmak	stationner [stasyone]
park yeri	le parc de stationnement [lö park dö stasyonman]
parlak	brillant [briyan]
parmak	le doigt [lö dua]
pasaport	le passeport [lö paspor]
paspas	le paillasson [lö payason]
pasta	le gâteau [lö gato]
pastahane	la pâtisserie [la patistri]
patates	la pomme de terre [la pom dö ter]
patates çorbası	la soupe de pommes de terre [la sup dö pom dö ter]
patates kızartması	les frites [le frit]
patates püresi	la purée de pommes de terre [la püre dö pom dö ter]
patates salatası	la salade de pommes de terre [la salad dö pom dö ter]
patlama	l'explosion (la) [leksplozyon]
patlamak	exploser [eksploze]
patlıcan	l'aubergine (la) [loberjin]
patron	le patron [lö patron]
paydos	l'arrêt du travail [lare dü travay]; le congé [lö konje]
pazar	le marché [lö marşe]
pazar (günü)	le dimanche [lö dimanş]
pazar akşamı	dimanche soir [dimanş suar]
pazarları	les dimanches [le dimanş]
pazarlık	le marchandage [lö marşandaj]
pazarlık etmek	marchander [marşande]
pazar sabahı	dimanche matin [dimanş maten]
pazartesi	le lundi [lö löndi]

peçete	la serviette [la servyet]
pedal	la pédale [la pedal]
pedikür	la pédicure [la pedikür]
pek	très [tre]
pek erken	très bien [tre byen]
pek iyi	très tôt [tre to]
pembe	rose [roz]
pencere	la fenêtre [la fönetr]
pencere yanı (taşıt aracından)	le côté de la fenêtre [lö kote dö la fönetr]
pens	les pinces [le pens]
perçin	le rivet [lö rive]
perde	le rideau [lö rido]; l'acte (le) [lakt]
perhiz	la diète [la dyet]; le régime [lö rejim]
permanant	l'ondulation permanente (la) [londülasyon permanant]
peron	le quai de la gare [lö ke dö la gar]
perşembe	le jeudi [lö jödi]
peşin ödemek	payer comptant [peye kontan]
peşin para	l'argent comptant (le) [larjan kontan]
peynir	le fromage [lö fromaj]
pırasa	le poireau [lö puaro]
pijama	le pyjama [lö pijama]
pikap	l'électrophone (le) [lelektrofon]
pilâv	le riz cuit [lö ri küi]
pipo	la pipe [la pip]
pirinç (yemek)	le riz [lö ri]
pirinç (maden)	le laiton [lö leton]
pirinç çorbası	la soupe de riz [la sup dö ri]
pirzola	la côtelette [la kotlet]
pis	sale [sal]
piston	le piston [lö piston]
piston kolu	la bielle [la byel]

pişirmek	cuire [küir]
piyes	la pièce de théâtre [la pyes dö teatr]
plaj, kumsal	la plage [la plaj]
plaj başlığı	le bonnet de bain [lö bone dö ben]
plak	le disque [lö disk]
plaka	la plaque d'immatriculation [la plak dimatrikülasyon]; la plaque minéralogique [la plak mineralojik]
polis	la police [la polis]; l'agent de police (le) [lajan dö polis]
polisiye roman	le roman policier [lö roman polisye]
Polonya	la Pologne [la polony]
pompa	la pompe [la ponp]
poplin	la popeline [la poplin]
porselen	la porcelaine [la porslen]
portakal	l'orange (la) [loranj]
Portekiz	le Portugal [lö portügal]
portföy	le portefeuille [lö portföy]
postahane	le bureau de poste [lö büro dö post]
pratik	la pratique [la pratik]
pratik	pratique [pratik]
posta pulu	le timbre-poste [lö tenbr post]
posta kutusu	la boîte à lettres [la buat a letr]
posta kartı	la carte postale [la kart postal]
posta havalesi	le mandat-poste [lö manda post]
postrestant	poste restante [post restant]
poz	la pose [la poz]
pozometre	le posemètre [lö pozmetr]
pudra	la poudre [la pudr]
pul	le timbre [lö tenbr]
pullamak	affranchir [afranşir]
puro	le cigare [lö sigar]

R

radyatör	le radiateur [lö radyatör]
radyo	la radio [la radyo]; la T.S.F. [la te es ef]
rafadan	l'œuf à la coque [löf a la kok]
rahim, dölyatağı	l'utérus (le) [lüterüs]; la matrice [la matris]
ray	le rail [lö ray]
rayiç	le cours [lö kur]
reçel	la confiture [la konfitür]
reçete	l'ordonnance (la) [lordonans]
reflektör	le réflecteur [lö reflektör]
rehber	le guide [lö gid]
rende, raspa	la râpe [la rap]
renk	la couleur [la kulör]
renkli	coloré [kolore]
renkli film	le film en couleur [lö film an kulör]
resim	la photo [la foto]
resim çekmek	prendre une photo [prandr ün foto]; photographier [fotografye]
ressam	le peintre [lö pentr]; le dessinatör [lö desinatör]
rica	la prière [la priyer]
rica etmek	prier [priye]
roman	le roman [lö roman]
Romanya	la Roumanie [la rumani]
romatizma	les rhumatismes [le rümatism]
rosto	le rôti [lö roti]

römork	la remorque [la römork]
röntgen	la radiographie [la radyografi]
rötüş yapmak	retoucher [rötuşe]
Rum	grec, grecque [grek]
Rusya	la Russie [la rüsi]
rus salatası	la salade russe [la salad rüs]

S

saat	la montre [la montr]
saat (zaman)	l'heure (la) [lör]
saatçı	l'horloger (le) [lorloje]
saatlerce	des heures durant [de zör düran]
saat ...da	à ... heures [a ... ör]
sabah	le matin [lö maten]
sabah erkenden	de bon matin [dö bon maten]
sabahları	les matins [le maten]
sabahleyin	le matin [lö maten]
sabun	le savon [lö savon]
saç	le cheveu [lö şövö]
saç fırçası	la brosse à cheveux [la bros a şövö]
saç fırçalamak	se brosser les cheveux [sö brose le şövö]
saç losyonu	la lotion capillaire [la losyon kapiler]
saçma, aptallık	la bêtise [la betiz]
saç tokası	la boucle à cheveux [la bukl a şövö]
safra	la bile [la bil]
safra kesesi	la vésicule biliaire [la vezikül bilyer]

sağ	droit [dua]; vivant [vivan]; la droite [la druat]
sağır	sourd [sur]
sağlık	la santé [la sante]
sahife	la page [la paj]
sahil	la côte [la kot]
sakal	la barbe [la barb]
sakal tıraşı	le rasage de la barbe [lö razaj dö la barb]
salam	le saucisson [lö sosison]
salata	la salade [la salad]
salatalık	le concombre [lö konkonbr]
salı	mardi [mardi]
salon	la salle [la sal]
salyangoz	le colimaçon [lö kolimason]; l'escargot (le) [leskargo]
sanatkâr	l'artiste (le) [lartist]
sanayi	l'industrie (la) [lendüstri]
sancı	la douleur [la dulör]
sandalye	la chaise [la şez]
sandık	la caisse [la kes]; l'urne (la) [lürn]
sandöviç	le sandwich [lö sandviç]
saniye	la seconde [la sögond]
sanmak	croire [kruar]
sara	l'épilepsie (la) [lepilepsi]
saraç	le bourrelier [lö buröliye]
saray	le palais [lö pale]
sargı	la bande [la band]
sarhoş	ivre [ivr]; saoûl [su]
sarı	jaune [jon]
sarılık	la jaunisse [la jonis]
sarışın	blond [blon]
sari	contagieux [kontajyö]
sarkaç	le pendule [lö pandül]; la pendule [la pandül]
sarmısak, sarımsak	l'ail (le) [lay]

satıcı	le vendeur [lö vandör]
satın almak	acheter [aşte]
satmak	vendre [vandr]
savcı	le procureur [lö prokürör]
sayı	le nombre [lö nonbr]
saymak	compter [konte]
sazan balığı	la carpe [la karp]
sebze	le légume [lö legüm]
sebze çorbası	la soupe de légumes [la sup dö legüm]
seccade	le tapis de prière [lö tapi dö priyer]
sedye	la civière [la sivyer]
sefaret	l'ambassade (la) [lanbasad]
segman	le segment [lö segman]
sekiz	huit [üit]
seksen	quatre-vingts [katrven]
selam	la salutation [la salütasyon]
selam vermek	saluer [salüe]
sen	tu, toi [tü, tua]
sendika	le syndicat [lö sendika]
sene	l'année (le) [lane]
sepet	le panier [lö panye]
sergi	l'exposition (la) [lekspozisyon]
serin	frais [fre]
serinlemek	se rafraîchir [sö rafreşir]
sert	dur [dür]
ses	la voix [la vua]
ses kısıklığı	l'extinction de voix (la) [lekstenksyon dö vua]
sevinmek	se réjouir [sö rejuir]
sevmek	aimer [eme]
seyahat	le voyage [lö vuayaj]
seyirci	le spectateur [lö spektatör]
seyrek	rarement [rarman]
seyretmek	regarder [rögarde]
sıcak	chaud [şo]
sıcak banyo	le bain chaud [lö ben şo]

sığır — le boeuf [lö böf]
sıhhat, sağlık — la santé [la sante]
sık — serré [sere]
sıkı — sévère [sever]
sık sık — souvent [suvan]
sınıf — la classe [la klas]
sınır — la frontière [la frontyer]
sıra — le banc [lö ban]
sırt — le dos [lö do]
sırt ağrısı — le mal au dos [lö mal o do]
şıtma — le paludisme [lö palüdism]
sigar, puro — le cigare [lö sigar]
sigara — la cigarette [la sigaret]
sigara ağızlığı — le fume-cigarette [lö füm sigaret]
sigara içmek — fumer [füme]
sigorta — l'assurance (la) [lasürans]
silindir — le cylindre [lö silendr]
simit, can simidi — la gimblette [la jenblet]; la bouée de sauvetage [la bue dö sovtaj]
simsar — l'agent de change (le) [lajan dö şanj]; le courtier [lö kurtye]
sinek — la mouche [la muş]
sinema — le cinéma [lö sinema]
sinir — le nerf [lö ner]
sinir hastalığı — la maladie nerveuse [la maladi nervöz]
sinir hastası — le névropathe [lö nevropat]
sinirli — nerveux [nervö]; nerveuse [nervöz]
sirke — le vinaigre [lö vinegr]
sis — le brouillard [lö bruyar]
sis farı — le phare antibrouillard [lö far antibruyar]
sivilce — le bouton [lö buton]
sivri — pointu [puentü]
siyah — noir [nuar]

siyah ekmek	le pain noir [lö pen nuar]
slayt, dia	la diapositive [la dyapozitiv]
smokin	le smoking [lö smoking]
soba	le poêle [lö pual]
soğan	l'oignon (le) [lonyon]
soğuk	froid [frua]
soğuk algınlığı	le refroidissement [lö röfruadisman]
soğuk almak	prendre froid [prandr frua]
sokak	la rue [la rü]
soket	la socquette [la soket]
sol	la gauche [la goş]
somun	l'écrou (le) [lekru]
son	la fin [la fen]
sonbahar	l'automne (le) [loton]
son durak	le terminus [lö terminüs]
son olarak	pour la dernière fois [pur la dernyer fua]
sonra	plus tard [plü tar]
sormak	demander [dömande]; poser une question [poze rün kestyon]
soru	la question [la kestyon]
soyadı	le nom de famille [lö non dö famiy]
soyunmak	se déshabiller [sö dezabiye]
söndürmek	éteindre [etendr]
söylemek	dire [dir]
sözcü	le porte-parole [lö port parol]
sözcük, kelime	le mot [lö mo]; le vocable [lö vokabl]
sözlük	le lexique [lö leksik]
spor	le sport [lö spor]
stadyum	le stade [lö stad]
stajyer	le stagiaire [lö stajyer]
stepne	la roue de secours [la ru dö sökur]
su	l'eau (la) [lo]
suare	la soirée [la suare]

suç	la faute [la fot]
suçiçeği	la varicelle [la varisel]
suçlu	le fautif [lö fotif]
Suriye	la Syrie [la siri]
susamak	avoir soif [avuar suaf]
sutyen	le soutien-gorge [lö sutyen gorj]
supap	la soupape [la supap]
süper benzin	l'essence super (la) [lesans süper]
süpürge	le balai [lö bale]
süpürmek	balayer [baleye]
sürat	la vitesse [la vites]
süs	l'ornement (le) [lornman]
süslenmek	se parer [sö pare]
süspansyon	la suspension [la süspansyon]
süt	le lait [lö le]
süzgeç	la passoire [la pasuar]

Ş

şakak	la tempe [la tanp]
şalgam	le navet [lö nave]
şanjıman	le changement de vitesse [lö şanjman dö vites]
şamdan	le chandelier [lö şandölye]
şapka	le chapeau [lö şapo]
şapkacı dükkânı	la chapellerie [la şapelri]
şarap	le vin [lö ven]
şark	l'orient (le) [loryan]
şarkı	la chanson à la turque [la şanson a la türk]
şart	la condition [la kondisyon]
şasi	le chassis [lö şasi]

şef	le chef [lö şef]
şeftali	la pêche [la peş]
şeftali kompostosu	la compote de pêche [la konpot dö peş]
şehir	la ville [la vil]
şehir merkezi	le centre de la ville [lö santr dö la vil]
şehir plânı	le plan de la ville [lö plan dö la vil]
şeker	le sucre [lö sükr]
şeker hastalığı	le diabète [lö dyabet]
şemsiye	le parapluie [lö paraplüi]
şık	chic [şik]; élégant [elegan]
şırınga	la seringue [la söreng]; l'injection (la) [lenjeksyon]
şilte	le matelas [lö matla]
şimdi	maintenant [mentnan]
şimdilik	pour le moment [pur lö moman]
şimdiye kadar	jusqu'à présent [jüska prezan]
şirket	la compagnie [la konpanyi]
şiş	la brochette [la broşet]; l'enflure (la) [lanflür]
şiş kebabı	brochettes d'agneau [broşet danyo]
şişe	la bouteille [la butey]
şişman	obèse [obez]; gros [gro]
şoför, sürücü	le chauffeur [lö şoför]
şubat	février [fevriye]

T

taahhütlü	recommandé [rökomande]
tabak	l'assiette (la) [lasyet]
tabla	le cendrier [lö sandriye]
tablet	la tablette [la tablet]

tablo	le tableau [lö tablo]
tabure	le tabouret [lö tabure]
takdim etmek, sunmak	présenter [prezante]
tahta	le bois [lö bua]
takım	l'équipe (la) [lekip]; l'ensemble (le) [lansanbl]; l'ensemble des outils [lansanbl de zuti]
takım çantası	la trousse à outils [la trus a uti]
takma diş	la dent postiche [la dan postiş]
takma dişler	le dentier [lö dantye]
takoz	la cale [la kal]
taksi	le taxi [lö taksi]
taksit	le crédit [lö kredi]
takvim	le calendrier [lö kalandrye]
tamam	achevé [aşve]; ça va [sa va]
tamir	la réparation [la reparasyon]
tamir etmek, onarmak	réparer [repare]
tampon	le tampon [lö tanpon]; le pare-chock [lö parşok]
tane	la pièce [la pyes]; le grain [lö gren]
tanımak	connaître [konetr]
tanışmak	faire connaissance [fer konesans]
tansiyon	la pression artérielle [la presyon arteryel]; la tension [la tansyon]
tarak	le peigne [lö peny]
taramak	peigner [penye]
taranmak	se peigner [sö penye]
tarçın	la cannelle [la kanel]
tarım	l'agriculture (la) [lagrikültür]
tarım işçisi	l'ouvrier agricole (le) [luvriye agrikol]
tarife	l'horaire (le) [lorer]
tarla	le champ [lö şan]
tas	la tasse [la tas]; le gobelet [lö goble]

tas kebabı le goulasch [lö gulaş]

taş la pierre [la piyer]

taşıt le véhicule [lö veikül]

tatil les vacances [le vakans]; le congé [lö konje]

tava la poêle [la pual]

tavuk la poule [la pul]

tavuk dolması le poulet farci [lö pule farsi]

tavuk kızartması le poulet rôti [lö pule roti]

tayfa le matelot [lö matlo]; le marin [lö maren]

taze frais [fre]

taze fasulye le haricot vert [lö ariko ver]

tebrik etmek, kutlamak féliciter [felisite]

tecrübe l'expérience (la) [leksperyans]

tedavi les soins [le suen]

tedavi etmek soigner [suanye]

tehlike le danger [lö danje]

tehlikeli dangereux [danjrö]

tehlikeli hastalık la maladie dangereuse [la maladi danjröz]

tekerlek la roue [la ru]

tekne l'embarcation (la) [lanbarkasyon]

teknisyen le technicien [lö teknisyen]

tekrarlamak répéter [repete]

tel le fil de fer [lö fil dö fer]

telefon le téléphone [lö telefon]

telefon etmek passer un coup de fil [pase ön kudfil]; téléphoner [telefone]; donner un coup de téléphone [done rön ku dö telefon]

teleobjektif le téléobjectif [lö teleobjektif]

tel fırça la brosse en fer [la bros an fer]

telgraf le télégramme [lö telegram]

temiz propre [propr]

temizlemek nettoyer [netuaye]

temmuz juillet [jüiye]

temsil la représentation [la röprezantasyon]

tencere	la casserole [la kasrol]
teneke	le fer-blanc [lö fer blan]
tenekeci	le ferblantier [lö ferblantye]
tendürdiyot	la teinture d'iode [la tentür di-yod]
tenzilat, indirim	le rabais [lö rabe]
tepsi	le plateau [lö plato]
ter	la sueur [la süör]
terazi	la balance [la balans]
tercüman, çevirmen	l'interprète (le) [lenterpret]
tercüme	la traduction [la tradüksyon]
tercüme etmek, çevirmek	traduire [tradüir]
tereyağı	le beurre [lö bör]
terlemek	transpirer [transpire]
terlik	la pantoufle [la pantufl]
termometre	le thermomêtre [lö termometr]
termos	la bouteille thermos [la butey termos]
terzi	le tailleur [lö tayör]
tesis	l'installation (la) [lenstalasyon]
tesisat	l'installation (la) [lenstalasyon]
testere	la scie [la si]
tesviyeci	l'ajusteur (le) [lajüstör]
teşekkür	le remerciement [lö römersiman]
teşekkür etmek	remercier [römersye]
teyp	le magnétophone [lö manyetó-fon]
tıraş	le rasage [lö razaj]
tıraş etmek	raser [raze]
tıraş olmak	se raser [sö raze]
tıraş sabunu	le savon à barbe [lö savon a barb]
tıp	la médecine [la medsin]
tırnak	l'ongle (le) [longl]
tırnak cilâsı	le vernis à ongles [lö verni za ongl]
tırnak fırçası	la brosse à ongles [la bros a ongl]

tırnak törpüsü	la lime à ongles [la lim a ongl]
tırpan	la faux [la fo]
tifo	la typhoïde [la tifoid]
tirbuşon	le tire- bouchons [lö tirbuşon]
tiyatro	le théâtre [lö teatr]
toka	la boucle [la bukl]
toplantı	la réunion [la reünyon]
toprak	la terre [la ter]
topuk	le talon [lö talon]
topuz	le chignon [lö şinyon]
torba	le sac [lö sak]
tornacı	le tourneur [lö turnör]
tornavida	le tournevis [lö turnvis]
tost makinesi	le grille-pain [lö griy pen]
törpü	la lime [la lim]
trafik	la circulation routière [la sirkülasyon rutyer]
trafik işaretleri	la signalisation routière [la sinyalizasyon rutyer]
trafik kuralları	le code de la route [lö kod dö la rut]
tramvay	le tramway [lö tramvue]
transatlantik	le transatlantique [lö transatlantik]
tren	le train [lö tren]
tuğla	la brique [la brik]
turist	le touriste [lö turist]
turp	le radis [lö radi]
tutkal	la colle forte [la kol fort]
tuvalet	la toilette [la tualet]
tuvalet kâğıdı	le papier hygiénique [lö papyerijyenik]
tuvalet sabunu	le savon de toilette [lö savon dö tualet]
tuz	le sel [lö sel]
tuz ruhu	l'esprit-de-sel (le) [lespri dö sel]
tüccar	le commerçant [lö komersan]
tüfek	le fusil [lö füzi]

tükenmez kalem	le crayon à bille [lö kreyon a biy]
tükenmez kalem içi	la recharge pour crayon à bille [la röşarj pur kreyon a biy]
tükürmek	cracher [kraşe]
tümör, ur	la tumeur [la tümör]
Türk	le Turc [lö türk]
Türkiye	la Turquie [la türki]
tütün	le tabac [lö taba]
tütüncü	le marchand de tabac [lö marşan dö taba]
tüy (kuş)	la plume [la plüm]

U

ucuz	bon marché [bon marşe]
uçak	l'avion (le) [lavyon]
uçuş	le vol [lö vol]
ufak, küçük	petit [pti]
ufak para	la petite monnaie [la ptit mone]
ulaşmak	atteindre [atendr]
un	la farine [la farin]
ur, tümör	la tumeur [la tümör]
uskumru	le maquereau [le makro]
usta	le maître-ouvrier [lö metr uvrye]
ustabaşı	le contremaître [lö kontrmetr]
ustura	le rasoir [lö razuar]
uşak	le domestique [lö domestik]
uyanmak	s'éveiller [seveye]
uykusuzluk	l'insomnie (la) [lensomni]
uyku ilâcı	le soporifique [lö soporifik]
uyumak	dormir [dormir]

uyuz	la gale [la gal]
uzak	loin [luen]
uzaklık	le lointain [lö luenten]
uzman, mütehassıs	le spécialiste [lö spesyalist]
uzun	long [lon]
uzunluk	la longueur [la longör]
uzun zaman	longtemps [lontan]

Ü

ücret	le salaire [lö saler]
üç	trois [trua]
üç günlük	pour trois jours [pur trua jur]
üç gün içinde	dans trois jours [dan trua jur]
üç yüz	trois cents [trua san]
ülser	l'ulcère (le) [lülser]
üniversite	l'université (la) [lüniversite]
üst balkon	le balcon du haut [lö balkon dü o]
üst çene	la mâchoire supérieure [la maşuar süperyör]
üst diş	la dent du haut [la dan dü o]
ütü	le fer à repasser [lö fer a röpase]
ütülemek	repasser [röpase]
üzüm	le raisin [lö rezen]

V

vagon	le wagon [lö vagon]

vagon kapısı	la portière de wagon [la portyer dö vagon]
vakit	le temps [lö tan]
vaktiyle	jadis [jadis]; il était une fois [il ete tün fua]
valf	la valve [la valv]
vantilatör	le ventilateur [lö vantilatör]
vantilatör kayışı	la courroie du ventilateur [la kurua dü vantilatör]
vapur	le bateau [lö bato]
var	il y a [ilya]
varış	l'arrivée (la) [larive]
varmak	arriver [arive]
vatandaş	le concitoyen [lö konsituayen]
vazelin	la vaseline [la vazlin]
vazo	le vase [lö vaz]
veba	la peste [la pest]
veda	l'adieu [ladyö]; la séparation [la separasyon]
vedalaşmak	se faire les adieux [sö fer le zadyö]
verem, tüberküloz	la tuberculose [la tüberküloz]
vermek	donner [done]
vergi	l'impôt (le) [lenpo]
vesikalık resim	la photo d'identité [la foto didantite]
veteriner, baytar	le vétérinaire [lö veteriner]
vida	la vis [la vis]
vinç	la grue [la grü]
viraj	le virage [lö viraj]
vitesler	les vitesses [le vites]
vites kutusu	la boîte de vitesses [la buat dö vites]
vitrin	la vitrine [la vitrin]
vize	le visa [lö viza]
vücut	le corps [lö kor]

Y

yabancı	qui n'est pas d'ici [ki ne pa disi]; l'étranger (le) [letranje]
yabancı (ecnebi)	l'étranger (le) [letranje]
yağ	l'huile (la) [lüil]
yağ deposu	le réservoir d'huile [lö rezervuar düil]
yağdanlık	la burette [la büret]
yağışlı	pluvieux [plüvyö]
yağlamak	huiler [üile]
yağlı	graisseux [gresö]; gras [gra]
yağmur	la pluie [la plüi]
yağ pompası	la pompe à huile [la ponp a üil]
yağ tenekesi	le jerrican d'huile [lö cerikan düil]
Yahudi, Musevi	le juif [lö jüif]; le youpin [lö yupen]
yaka	le col [lö kol]; la côte [la kot]
yakın	proche [proş]
yakında	prochainement [proşenman]
yakıt	le combustible [lö konbüstibl]
yalnız	seul [söl]; seulement [sölman]
yama	la pièce [la pyes]
yamamak	rapiécer [rapyese]
yan	le côté [lö kote]
yanak	la joue [la ju]
yangın	l'incendie (le) [lensandi]
yanık merhemi	la pommade contre les brûlures [la pomad kontr le brülür]
yanılmak	se tromper [sö tronpe]
yanlış	faux [fo]
yanlış, hata	l'erreur (la) [lerör]; la faute [la fot]

yapı	la construction [la konstrüksyon]
yapıştırmak	coller [kole]
yapmak	faire [fer]
yaprak	la feuille [la föy]
yara	la blessure [la blesür]
yara izi	la cicatrice [la sikatris]
yaralamak	blesser [blese]
yardım	l'aide (al) [led]
yardım etmek	aider [ede]
yarım	la moitié [la muatye]
yarım (saat)	la demi-heure [la dömi ör]
yarın	demain [dömen]
yarına kadar	à demain [a dömen]; jusqu'à demain [jüska dömen]
yarın akşam	demain soir [dömen suar]
yarın sabah	demain matin [dömen maten]
yarıyıl	le semestre [lö sömestr]
yasak	interdit [enterdi]
yasak	défense [defans]
yastık	le coussin [lö kusen]
yaşlı	vieux [vyö]; âgé [aje]
yatak	le lit [lö li]
yataklı vagon	le wagon-lit [lö vagonli]
yatırmak (para)	déposer [depoze]; investir [envestir]
yavaş	doucement [dusman]
yay	le ressort [lö rösor]
yaya	le piéton [lö pyeton]
yaya kaldırım	la chaussée pour piétons [la şose pur pyeton]
yaz	l'été (le) [lete]
yazar	l'auteur (le) [lotör]; l'écrivain (le) [lekriven]
yazı makinesi	la macnine à écrire [la maşin a ekrir]
yazlık elbise	l'habit d'été (le) [labi dete]
yazmak	écrire [ekrir]
yedek parça	la pièce de rechange [la pyes dö röşanj]

yedi	sept [set]
yelek	le gilet [lö jile]
yelkovan	la grande aiguille [la grand egüiy]
yemek yemek	manger [manje]
yemek	le repas [lö röpa]
yemekli vagon	le wagon-restaurant [lö vagon restoran]
yeni	nouveau [nuvo]; neuf [nöf]
yeni yıl	le nouvel an [lö nuvel an]
yer	le lieu [lö lyö]; la place [la plas]
yeşil	vert [ver]
yetmiş	soixante dix [suasant dis]
yevmiye	le salaire journalier [lö saler jurnalye]; la journée [la jurne]
yıkamak	laver [lave]
yıl	l'année (la) [lane]
yılda	par an [par an]
yıldönümü	l'anniversaire (la) [laniverser]
... yılında	en ... [an]
yıllık	annuel [anüel]
yirmi	vingt [ven]
yirmi bir	vingt et un [ven te ön]
yirmi iki	vingt-deux [ven dö]
yol	le chemin [lö şömen]
yolcu	le voyageur [lö vuayajör]
yolcu gemisi	le paquebot [le pakbo]
yolculuk valizi	la mallette de voyage [la malet dö vuayaj]
yolcu treni	le train de voyageurs [lö tren dö vuayajör]
yolcu uçağı	l'avion de passagers (le) [la-vyon dö pasaje]
yolluk	les provisions de voyage [le provizyon dö vuayaj]
yorgan	la couverture [la kuvertür]

yorgun	fatigué [fatige]
Yugoslavya	la Yougoslavie [la yugoslavi]
yulaf	l'avoine (la) [lavuan]
yumurta	l'œuf (le) [löf]; l'ovule [lovül]
yumurtalık	l'ovaire (le) [lover]
yumuşak	mou [mu]
Yunanistan	la Grèce [la ǵres]
yuvarlak	rond [ron]
yük	le chargement [lö şarjman]
yüksek	élevé [elve]; haut [o]; supérieur [süperyör]
yüksek okul	l'école supérieure [lekol süperyör]
yün	la laine [la len]
yün ceket	la veste de laine [la vest dö len]
yürek, kalp	le œur [lö kör]
yüz (100)	cent [san]
yüzbin	cent mille [san mil]
yüzmek	nager [naje]
yüzme yeri	le lieu à nager [lö lyö a naje]; l'emplacement des bains [lanplasman de ben]
yüzyıl	le siècle [lö syekl]
yüzük	la bague [la bag]; l'anneau (le) [lano]

Z

zam	l'augmentation (la) [logmantasyon]; la hausse [la os]
zaman	le temps [lö tan]

zaman zaman	de temps en temps [dö tan zan tan]
zarar	le dommage [lö domaj]
zarf	l'enveloppe (la) [lanvlop]
zatülcemp	la pleurésie [la plörezi]
zatürree	la pneumonie [la pnömoni]
zayıf	faible [febl]; maigre [megr]
zayıflamak	maigrir [megrir]
zehir	le poison [lö puazon]
zehirlenme	l'empoisonnement (le) [lanpuazonman]
zemberek	le ressort [lö rösor]
zenaatkâr	l'artisan (le) [lartizan]
zerzevatçı, manav	le marchand de légumes [lö marşan dö legüm]
zeytin	l'olive (la) [loliv]
zeytinyağı	l'huile d'olive (la) [lüil doliv]
zımpara kâğıdı	le papier de verre [lö papye dö ver]; le papier émeri [lö papye emri]
zincir	la chaîne [la şen]
ziyaret	la visite [la vizit]
ziyaret etmek	visiter [vizite]; rendre visite [randr vizit]
zor, güç	difficile [difisil]